AF599654

ROMANCERO POPULAR DE LA REVOLUCION

Edición facsímil

·JUANONUS·

ROMANCERO POPULAR DE LA REVOLUCION

Sariñena Editorial

Salvador Trallero editor

Este libro se ha editado con ayuda del Departamento de
Presidencia, Interior y Cultura del Gobierno de Aragón

Edita
Sariñena Editorial
Salvador Trallero, editor
Libro 38.º, año 2024

Impresión
Cometa, S.A.

ISBN: 978-84-120104-8-0
Depósito Legal: HU 102-2024

Tipografía:
Óptima es una tipografía de origen alemán diseñada por Hermann Zapf en 1958. Elegante y legible, es una mezcla entre la objetividad de los tipos de palo seco y el estilo y la claridad de las letras con serif.

Dirección del editor:
Salvador Trallero Anoro
C/ Dato, 5. 22200 Sariñena, Huesca
Teléfono 974 57 00 79
www.sariñenaeditorial.com
sarieditorial@monegros.net

Nunquam de manu et oculis tuis recedat liber.

Que nunca se aparte de tu mano ni de tus ojos el libro.

San Jerónimo

Sumario

JUAN USÓN CALVETE, *el Rebelde* (1869-1945).
El libro de *Juanonus* y de sus libros
por Valeriano C. Labara Ballestar

IVAN
VSON
ONVS

IVAN
ONVS
VSON

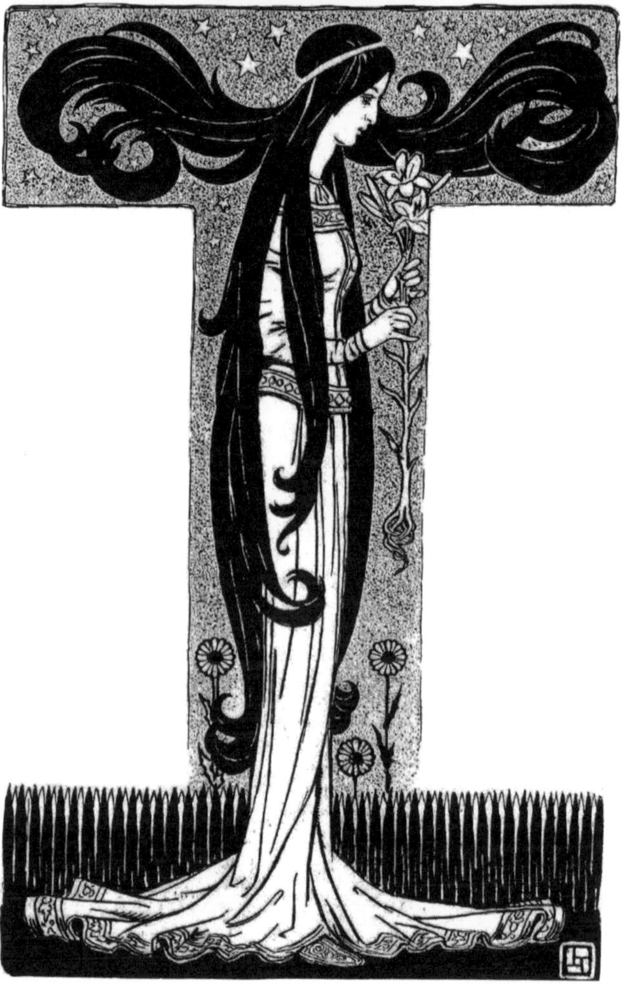

JUAN USÓN CALVETE, *el Rebelde* (1869-1945). El libro de *Juanonus* y de sus libros

por Valeriano C. Labara Ballestar

2024

Tipo aragonés,
por P. Tillac.

Aragón, patria cicatera en tocante a reconocer la valía de los suyos, a excepción de las grandes figuras como Goya, Gracián, san José de Calasanz, Ramón y Cajal, etc., o que lo hace tarde, mal y nunca,[1] tiene, desde hace días, una deuda importante con la figura de Juan Usón, *Juanonus,* un hombre que cambió el arado por la pluma, y los campos áridos de Bujaraloz, por las librerías, a veces "barracas de libros", de Barcelona. Es una deuda que vamos a intentar saldar desde su pueblo, Bujaraloz, desde su comarca natural, que son los Monegros y desde ese Aragón, sedicente tierra de la Verdad, la Justicia y la Libertad, de la mano de Salvador Trallero, el editor, otro "paladín" de los libros y de las personas que los escriben, como *Juanonus*.

También se lamentaba Gonzalo Santonja de que Juan Usón era *"poeta anarquista tan curioso como poco recordado."* Y añadía, nada menos que en 2003: *"No suele figurar en las recopilaciones al uso y, en tiempos de tantas recuperaciones, la suya no se adivina"*.[2]

1. Un ejemplo paradigmático sería el del papa Luna, un aragonés sin parangón al cual todavía ni la Historia ni la Iglesia le han dado el lugar que le corresponde.

2. Gonzalo Santonja, *Los signos de la noche. De la guerra al exilio. Historia peregrina del libro republicano entre España y México,* Madrid, Castalia, 2003, pp. 67-69.

Como todo el anarquismo y los prohombres de la libertad, *Juanonus* es uno más de los perdedores de la *llamada memoria histórica* que, muchas veces, y sobre todo cuando se pretende legislar, ni es memoria ni es histórica, ni es buena memoria.[3] Vamos pues, con ardor monegrino, aunque sea tarde, o no tan pronto como se hubiera debido, a intentar esa recuperación, con todos nuestros sentidos y pensamiento puestos en Bujaraloz, la tierra que vio nacer a Juan Usón.

En esta misión, no hacemos más que seguir a José Luis Melero,[4] el primero con quien tuvimos ocasión de compartir interés y seguimiento del personaje, como de tantos otros paisanos y escritores, de mutuo interés para el "bibliófilo de Aragón" y para nosotros. Hace años que Melero ha dejado escrito y divulgado todo lo más esencial de *Juanonus* como hombre, como librero, como amante del libro, como baturro de hierro y como personaje de un humor netamente aragonés, injertado del catalán, que hasta hace no mucho era

3. *Vid.* Julián Casanova en reseña publicada en *Diario del AltoAragón*, de 21.10.2010, p. 38.

4. José Luis Melero Rivas, *Leer para contarlo. Memorias de un bibliófilo aragonés*, Zaragoza, Biblioteca Aragonesa, 2003, pp. 119-120. *Vid.* además "El librero Juan Usón", en *La vida de los libros*, Zaragoza, Xordica, 2009, p. 29 en que explica, además, lo que le costó hacerse con un ejemplar original del *Romancero*.

tan compartido como la historia en común que tienen nuestros pueblos.[5]

Como Lluís Capdevila, autor y escritor catalán, gran amigo de Usón, pues se conocieron a fondo, nos congratulamos y decimos con él:

> *Benvingut sigui, doncs, aquest llibre de Joan Usón, el vell anarquista, l'aragonès-català, que sempre ha lluitat per un demà en el qual les paraules justicia i llibertat no siguin paraules vanes.*[6]
>
> Bienvenido sea —esta vez a Bujaraloz y a Aragón— este libro de Juan Usón, el viejo anarquista, el aragonés-catalán —hombre universal, decimos nosotros— que siempre luchó por un mañana en el que las palabras justicia y libertad no fuesen palabras huecas.

Leer a Juan Usón, saber de su andadura vital y de su obra, debe ser como debió ser conocerlo y tratarlo en vida: como coger una rosa o un ramo de ellas. Tanto para aspirar su fragancia, como para apreciar su delicado y suave tacto-trato, era y es inevitable sentir el pinchazo, siquiera el arañazo, de sus espinas. ¡Vamos a ello!

---

5. El humor de un Eugenio o de un Boadella, tengo para mí que, como en el caso de Usón, les viene insuflado en vena, por su sangre aragonesa que no es poca.

6. *Vid. Les 227 cròniques de guerra de Lluís Capdevila 1936-1939*, a cargo de Josep M. Figueres, Barcelona, Fundación "Josep Irla", 2011, pp. 253-254.

1. La tierra y los orígenes de *Juanonus*

"Los Monegros son una estepa dentro de otra", decía Samblancat. Bujaraloz es una población sorprendente por los contrastes que presenta. La capital de los Monegros estrictos (con las poblaciones de Monegrillo, Farlete y La Almolda, todas en la provincia de Zaragoza, a las que se suman, en Huesca, Castejón de Monegros, Peñalba, Valfarta y Candasnos),[7] hoy convertida casi en vergel gracias a las aguas del canal de Monegros, ha sido siempre lugar de paso, de aventura y de lucha feroz contra el medio.

Lo monegrino, también según Samblancat, es quintaesencia de lo aragonés. Tal vez fuese ese instinto de supervivencia el que favoreció la agudeza de un Martín Cortés y Albacar quien, habiendo nacido en este secarral, enseñó a navegar a Europa y al mundo con su *Tratado de la esfera*. Por eso, quizá, nada debe sorprendernos en este pueblo estepario que dio a luz la paradoja de Martín Cortés. Un "mar" de tierra re-

7. Otros autores dan por hecho que son doce los pueblos, ampliando la lista con Leciñena y Perdiguera, de Zaragoza, así como con Pallaruelo y Lanaja, en Huesca. La hoy comarca política de Monegros se amplía notablemente y choca, como ya señalaba hace años don Arturo Morera, natural de Sariñena, que esta población fuese la capital de Monegros, teniendo como tiene dos ríos, el Alcanadre y el Flumen.

seca bajo los pies, de la tierra que le vio nacer, y un cielo, tan límpido o más que el que pueda cubrir cualquier océano, le permitieron estudiar el seguimiento de las estrellas. Hagamos mención, igualmente, de un Albacar, seguro pariente de Cortés, que ejerció como médico del embajador de Carlos V ante el sultán otomano, tras ser llevado desde Ciudadela (Menorca), a Constantinopla, en calidad de prisionero y cautivo, cruzando el "charco" Mediterráneo, a la fuerza, como antes lo debió cruzar, de buen grado, entre Barcelona y Menorca.[8] Otros navegantes del mar de la vida y de la política, cuya lista ahora y aquí solo podemos empezar, ha dado Bujaraloz: Bartolomé Solanot y Montañés, teniente de la armada, su tío Francisco Xavier Solanot y Colobor, que hizo las "Américas" en el siglo XVIII, los hermanos Alloza, don Pío Beltrán Villagrasa, el comerciante Buset, el padre Vaquerizo, José del Río Arcal, Luis Calvete Aguilar, etcétera, etcétera.

Quizá, más que instinto, fuese cabezonería, la típica y tópica aragonesa, o la más particular de Bujaraloz, a quienes sus comarcanos denominamos con el término —al cual queremos imprimir todo el cariño posible y más, presumiendo también de nuestros antepasados bujaralocinos de apellido Villagrasa o Escanilla—, de "cabezudetes", que es diminutivo muy afectivo. ¡Como si en el resto de la comarca y más allá lo

8. Josep Pellicer Pons, *El metge de l'ambaixador. De Bujaraloz a Menorca i a Constantinobla*, edición del autor, Ciutadella de Menorca, 2014.

fuésemos menos! Nosotros asimilamos esta idea con la etiqueta de "baturros de hierro", aplicable a muchos y muy distintos aragoneses, desde el mismo Papa Luna citado, hasta Palafox, Pignatelli, Agustina de Aragón y otros que han sido exponente de tenacidad, tesonería, tozudez si se quiere —que no es lo mismo que terquedad— y saber plantar fuerte, de palabra y obra, como hizo Juan Usón Calvete.

Tierra propicia para la cinematografía, Bujaraloz cuenta con un libro, *Monegros, tierra de cine,* escrito por su actual alcalde Darío Villagrasa, así como con un Certamen de Cortometrajes, dirigido por Gema Enfedaque. Esperamos que algún día se pueda rodar o proyectar algo de la "película de la vida" o la "vida de película" de *Juanonus,* la base de cuyo guion pretendemos escribir en estas páginas.

Más sorprendente puede ser la figura de Gaspar Sala Berart, hijo de padres catalanes, pero nacido en Bujaraloz, que destacó más como político que como fraile agustino. En Usón, en *Juanonus,* encontraremos algunos paralelismos bien llamativos, por ejemplo, los que se alumbran en la poesía *"Ara es l'hora segadors"*. Descuella también entre los bujaralocinos de pro, Valentín Solanot Ferrer, "el hombre de Aragón" como lo ha bautizado su descendiente Ignacio de Torres-Solanot. Valentín Solanot era —según recogió el cronista parlamentario de turno— *"Listo, rechoncho, y no lerdo para sus negocios, o para los del público. Aunque viejo no es cobarde, pero gasta peluquín con rizos y sueña día y noche con el artículo 308 de la Constitución: es tieso, duro y firmísimo cual aragonés".*[9] Tieso, más tierno que Solanot, pero igual de firme, o más, es como nosotros imaginamos a Juan Usón.

9. *Condiciones y semblanzas de los diputados a Cortes para la legislatura de 1820 y 1821*, Madrid, Imprenta de D. Juan Ramos y compañía, 1821, p. 10.

2. Familia, infancia y mocedad. Dicen que hay tierras al este...

Juan Usón Calvete[10] nació en Bujaraloz, probablemente el 3 de marzo de 1869. Era hijo de Gerardo Usón Til (Bujaraloz, c. 1832-3.09.1905) y de María Calvete Lorda. Fue nieto de Francisco Usón, casado con Dominica Til y de Ubaldo Calvete, esposo de Romualda Lorda. El apellido Usón está muy arraigado y extendido en Bujaraloz y la conexión familiar o de parentesco entre sus portadores resulta a veces, por esos motivos, difícil o imposible de establecer.[11]

Al parecer Juan Usón tuvo un hermano mayor, que se fue a establecer en Barcelona, referente que explica, al menos en parte, que *Juanonus* recalase en la Ciudad Condal. Algo más joven que Juan fue su hermano, el cabo de la Guardia Civil Esteban Usón, nacido

10. Descubrir su segundo apellido, testimonio añadido de su raigambre bujaralocina, fue en su día —hace años ya— un hito de satisfacción en la tarea investigadora acerca del personaje, compartida, desde hace mucho tiempo también con José Luis Melero su primer valedor y difusor de su vida, obra y libros, como de la de tantos aragoneses destacados.

11. Por ejemplo, en 1882 cantó su primera misa en la población, su hijo "el modesto e ilustrado sacerdote D. Eduardo Uson" tras haber sido ordenado, en cursar las carreras de Filosofía y Teología en el Seminario de Zaragoza, según indica el *Diario de Avisos de Zaragoza*, del 12 de junio, p. 4.

en Bujaraloz el 26 de diciembre de 1874 y fallecido con veintiún años en San Juan de Puerto Rico, todavía colonia española, en junio de 1895, cuya partida de nacimiento ha sido clave para la correcta filiación de *Juanonus*.[12] La hermana que cita el propio *Juanonus* en su escrito *Faltan libros* fue María Usón Calvete, nacida hacia 1878. Casó con Lorenzo Palacio Flordelís (Bujaraloz, c. 1872-15.12.1919). De ella descienden, que sepamos, Isabel, Antonia María, Felisa y Lorenzo Palacio Usón. Isabel casó con Casimiro Aguilar. De aquí deriva la descendencia colateral familiar del poeta y escritor que, a día de hoy, pervive en Bujaraloz.

Como escribió su amigo, el librero Juan Balagué, *"Desde niño sintió en sus tiernas carnes la garra de la opresión y el despotismo, y, adolescente precoz, vio clara la desigualdad de los hombres en una Sociedad cuyas falsas bases se resquebrajaban"*.[13] La semilla de la "Idea", del anarquismo, queremos decir, la conoció Juan Usón, de forma empírica y en primera persona pues, como dice Balagué, siendo aún un mocoso o mozalbete imberbe, sus padres lo mandaron a Zaragoza, en calidad de criado de un abogado, ahorrando así una boca en el hogar de los Usón. Como el trato del

12. Registro Civil de Bujaraloz y Estela Cifre de Loubriel, *La formación del pueblo portorriqueño. La contribución de los vascongados, navarros y aragoneses*, Instituto de Cultura Puertorriqueña, 1986, p. 328.

13. Juan Balagué, "Juan Usón, el rebelde, o cincuenta años después", *Tierra y Libertad*, n.º 34, 10.09.1936, p. 5.

Llegada del canalista Barón de Romañá (2) a Bujaraloz, 1910.

"amo" no le gustó, el probable estoicismo del mozo se transformó en rebeldía incipiente, que le hizo abandonar aquella casa y emplearse en una tienda de ultramarinos. Pese a los comestibles que debía despachar la tienda, Usón pasó allí más hambre que los perros de Farlete, como decimos en su tierra. Balagué dice que, escaldado, y *"familiarizado ya con el hambre"* temeroso de la reprimenda paterna, se fue directamente para Barcelona, haciendo casi todo el trayecto a pie.

El final del siglo XIX fue uno de esos momentos en que la tierra aragonesa trató, no como madre, sino como madrastra a muchos de sus hijos. Por eso, un buen número de paisanos, monegrinos algunos, proclamaban en la Barcelona aragonesista del primer tercio del siglo XX, como podía haber hecho Juan Usón dos o tres décadas antes, que:

> *En primer lugar, ostentamos como timbre de gloria, el ser de la misma estirpe que vosotros* [los otros

aragoneses a quienes iba dirigido el escrito]; *aunque hayamos sido arrancados tal vez violentamente como hojas frágiles, por el furioso vendaval de la lucha por la vida, de las frondosas ramas del recio árbol aragonés, y que como empujadas por el cierzo hemos formado remolino en las orillas del Mediterráneo, sin ánimo de cruzarlo por no perder del todo el contacto con la tierra que nos vio nacer, y en la cual nos dejamos la mitad de nuestra alma; familia, afectos e intereses.*

Y somos venidos aquí [sic] *de todos los confines y rincones de Aragón, empujados por la indiferencia suicida y el fatalismo musulmán que desgraciadamente tanto predomina en nuestro país. Afortunadamente, ahora parece que alborea una era preñada de prometedoras esperanzas para nuestra amada región. De las tres provincias llegan noticias que emprenden obras que la llevarán, a no tardar, a su emancipación económica. Ya era hora que tocaran las campanas a gloria. ¡Ojalá no sea un espejismo más!*

Pero nosotros somos los herederos directos de los años negros. De aquella época que afortunadamente no volverá, en que la única riqueza exportadora de Aragón era material humano, hombres y doncellas. Triste es tenerlo que confesar y más por nosotros que sufrimos las consecuencias directas, pero es la realidad.[14]

14. *El Ebro*, n.º 137, octubre, 1928, p. 4, aunque tomado de Centro Obrero Aragonés (1928), *Proyecto-Manifiesto que el Centro Obrero Aragonés de Barcelona dirige a todos sus simpatizantes confeccionado por la Comision Pro-Casa*, Barcelona, Imp. de J. Vallés, pp. 3-4.

A pesar de todo ello, Juan Usón siempre hace profesión de aragonés y de bujaralozano. Así en sus primeros escritos en las revistas barcelonesas, como en el poema que recoge el libro ahora reeditado, concebido y casi escrito en Bujaraloz, adonde regresó cincuenta años después de salir de allí, en plena Guerra Civil, cuando el gran hombre de acción del anarquismo, que fue Durruti, "señoreaba" en Bujaraloz, cuya población, agradecida, le dedicó una placa de recuerdo, poco después de de su muerte.[15]

Por eso, Usón, con vehemencia, pinta en 1936 el cuadro más realista que imaginar podamos del Bu-

ROMANCE POPULAR

A los valientes del frente

¡Pueblo de Bujaraloz!
Soy un bujaralozano
que después de medio siglo
de abandonar esos campos
que todos mis ascendientes
con sus sudores regaron,
te dedica este romance
de estilo sencillo y claro.
Yo no guardo de mi pueblo
aquellos recuerdos gratos
que enternecen a los hombres
cuando van entrando en años.
Como hijo de jornalero,
pasé días muy amargos,
porque el pan de cada día
en mi casa andaba escaso;
pues el jornal de mi padre,
jornal peor que de esclavo,
no pasaba algunos meses
de siete reales diarios.
Y si nos faltaba el pan
todos los días del año,
también nos faltaba el agua
en acercarse el verano,
porque las balsas del pueblo
todas se habían secado.
De mis días infantiles,
queridísimos hermanos,
sólo recuerdo aquel sol
que tomaba en el Tollanco,
donde iba a matar el hambre
junto con otros muchachos
que, como yo, no tenían
ni el consuelo de ser malos,
como son todos los chicos
si alguna vez se ven hartos.
Después de dejar en casa
a nuestras madres llorando
por la carencia de pan
y aun del agua en muchos casos,
no era cosa de jugar...
No era cosa de ser malos,

* * *

Ha pasado medio siglo
de lo que os estoy contando;
y aunque ausente de mi pueblo,
todos estos cincuenta años,
no he dejado de pensar,
queridísimos paisanos,
en el hambre que, cual yo,
han pasado otros muchachos;
en el llanto de las madres
por no poder sustentarlos,
y en el mezquino jornal,
el degradante salario
que, casi como limosna,
os ofrecían los amos
por trabajar como ilotas
en esos malditos campos.
Hoy, por fin, Bujaraloz,
el pueblo sufrido y manso
que pasó tantas miserias
y sufrió tantos quebrantos;
ese pueblo monegrino,
despierta de su letargo,
al ruido que por sus calles
promueven los milicianos.
Durruti y sus compañeros,
audaces, justos y bravos,
han llegado a Los Monegros
a batirse contra el fascio,
y a sacar de su opresión
a los obreros del campo.
Aunque ausente de mi pueblo
desde mis primeros años,
porque el hambre me echó de él
poco menos que a zarpazos,
desde esta de Barcelona
felicito a mis paisanos
y me felicito yo,
pues, obrero al fin y al cabo,
he de aceptar como mía
la victoria de esos maños,
que se han escapado al fin
de las garras de los amos.

* * *

¡Albricias, pues, monegrinos!
¡Salud, bujaralozanos!
Quisiera no ser ya viejo
para llegar a abrazaros
y bailar una jotica
en lo que hoy son vuestros campos;
en esos campos que nunca
podrá nadie arrebataros,
y que nuestros ascendientes
con sus sudores regaron.

J. USON (JUANONUS)

Poema que llegó a Bujaraloz antes que el mismo *Juanonus*, en 1936.

15. *Vid. La Vanguardia*, 3.03.1937.

jaraloz de los tiempos de la revolución "Gloriosa", los tiempos de su niñez. Se trata de un poema que llegó a la capital monegrina, aunque con otro título —*A los valientes del frente*— diferente al que lleva en el libro (*Bujaralozanos*, como se ve en el facsímil, pp. 29-33), antes de que el propio *Juanonus* llegase a su pueblo, pues el poema iba inserto en el número del 20 de agosto de *Tierra y Libertad*, demostrando así, junto con otros poemas que aparecerán publicados más adelante en el mismo medio, que el *Romancero* se gestó en Bujaraloz, incluso cuando el poeta ni siquiera se había puesto en marcha hacia allí.

Contrasta toda esta visión con la que nos ofreció un descendiente de Bujaraloz, el periodista Mariano Gracia Albacar, al hablar del paso de la reina Isabel II y de su marido, el rey consorte "Paquito Natillas", por la población. Habla Gracia de que se trataba de uno de los pueblos más ricos de la provincia, con casas de hacendados "fuertes", económicamente, y políticamente quizá, aunque viniesen a menos en lo que quedaba de siglo. Y cita algunos bujaralozanos de apellido Calvete y Usón entre los regidores de la vida pública, al lado casi de los Solanot o los Gros, que *Juanonus* nombra como "caciques" declarados.[16] Sí coinciden, en cam-

16. Hay un relato, magnífico de Máximo Silvio, corresponsal de guerra que anduvo por Bujaraloz. Se titula *"Els gossos del cacic de Bujaraloç"*. Aunque parece un cuento, tiene visos de ser un caso real, adornado eso sí, y narrado con la retórica del momento. El cacique es "don" Mariano Gros y el protagonista del relato, además de los

bio, en la carencia de agua, que hubo que traer de Peñalba para la reina "castiza" y que se cotizaba a dos reales el cántaro. El líquido elemento, sin embargo, no faltó para regar el polvoriento camino al que llamaban carretera. [17]

Dibujo de *Niel*, ilustrador "de cabecera" de *Juanonus*.

---

perros, es un antiguo obrero suyo que lo denostaba en público, para congraciarse con los milicianos revolucionarios, pero que luego "chaqueteó" de manera indigna y miserable, siendo fusilado por orden de Durruti, al decir del cronista o del "cuentista". *Vid. Catalans*, n.º 12, 10.06.1938, pp. 30-31.

17. Mariano Gracia Albacar, *Memorias de un zaragozano (1850-1861)*, Zaragoza, IFC, 2013, pp. 193-199.

3. El pan, catalán, de la emigración

Vista barcelonesa, por Daniel Masgoumery, *Niel*.

Que *Juanonus* acabaría, o empezaría en Barcelona —literaria y humanamente hablando— era cosa cantada, por así decirlo. Será porque la *Moreneta* se venera en Bujaraloz, casi con tanta devoción como la Virgen de las Nieves. Será porque ya Gaspar Sala Berart, bujaralocino del siglo XVII —o podríamos decir que un catalán nacido en Bujaraloz, como podría decirse de *Juanonus* con el pasar de los años— ya fue uno de los más conspicuos teóricos y propagandistas del "separatismo" de su siglo y del echarse en brazos de Luis XIV por parte de los catalanes, en su protesta contra Felipe IV y el conde-duque de Olivares. O será porque Barcelona ya era en el último cuarto del siglo XIX la "cuarta" provincia aragonesa, demográficamente hablando. Quizá, también por ser la primera de las cuatro en tocante al nacer del aragonesismo, en lo referido a su desarrollo intelectual, o en lo que respecta a alzar la voz a modo de protesta, queja o manifestación contestaria. Y es que, a los monegrinos y aragoneses, como a los mismos catalanes, también nos gusta y ha gustado llevar la contraria...

No hemos sabido, sin embargo, averiguar quién era el hermano mayor, ese que según Palau se estableció primero en la Ciudad Condal. Resulta que el apellido Usón no es infrecuente ni en la ciudad, ni en la provincia de Barcelona. Entre los que hemos localizado y documentado de esa época, destaca Modesto Usón Val, impresor y editor, que ya era firmante, además, del Manifiesto del 1.º de mayo de 1890, así como Timoteo (del) Usón, anarquista de Monistrol, o allí radicado, vinculado al parecer a Ferrer i Guardia y condenado a cadena perpetua por su actuación en la Semana Trágica.[18] También se nombra, en 1885, la clínica del doctor Usón.

El caso es que, pronto, en la Barcelona del momento, se oyó hablar de *Juanonus*. Según Palau[19] a los quince años ya estaba allí. Cierto debía ser, pues el propio Usón, en octavas jocosas, publicadas en 1895[20] nos dice que pasó en Bujaraloz dieciséis años escasos, antes de irse para Barcelona, adonde llegó,

18. Maria Teresa Martínez de Sas y Pelai Pagès, *Diccionari del moviment obrer als països catalans,* Barcelona, Publicacions de l'Abadia de Montserrat, p. 1397.

19. Antonio Palau y Dulcet, *Memorias de un librero catalán 1867-1935*, Barcelona, Librería Catalonia, 1935, pp. 227-229.

20. *L'Esquella de la Torratxa*, n.º 836, 18.01.1895, p. 42.

por tanto, hacia 1885. Una vez allí no hizo otro que trabajar *"com un lladre segons lo ditxo vulgar"*, pero sin lograr salir de penurias y escasez económica. Así rezan las coplas mencionadas.

En 1889, el ayuntamiento barcelonés requiere a nuestro hombre para "quintar". Gracias al aviso, registrado en las hemerotecas, conocimos en su día el segundo apellido de Juan Usón, tan bujaralozano o más que el primero, así como el año de nacimiento, deducido del reemplazo a que pertenecía:

> *Para enterarles de un asunto que les interesa, han de presentarse en la Secretaría del Municipio, negociado de Gobernación, los mozos Pompeyo y Serapio Miralles Ferrer y* **Juan Usón Calvete***, el primero del reemplazo del año anterior y los últimos del actual reemplazo. De no presentarse se les instruirá expediente de prófugos.*[21]

Pero, más recientemente, hemos encontrado otro aviso de este tipo, más explícito, que dice así:

> *El mozo Juan Usón Calvete, natural de Bujaraloz, hijo de Gerardo y de María, concurrente al actual reemplazo del ejército en la espresada villa, residente en esta ciudad y cuyo domicilio se ignora, se servirá presentarse dentro del tercero día, a contar desde la fecha, en el Negociado de Gobernación de la Secre-*

21. *La Vanguardia*, 23.02.1889, p. 2.

taría del Municipio, durante hora de despacho, para hacerle entrega de una papeleta requiriéndole para que á las nueve de la mañana del día 3 de marzo próximo comparezca ante el Ayuntamiento de dicha población, al objeto de ser tallado en cumplimiento de lo que dispone la ley de reemplazos; en la inteligencia que, de no verificarlo, se instruirá contra el mismo espediente de profugo. Barcelona 22 de febrero de 1889.— El Alcalde constitucional, presidente, Francisco de P. Rius y Taulet.[22]

Se nos hace que Usón no se talló en Bujaraloz, pero la fecha de 3 de marzo podría ser perfectamente la de su nacimiento, con lo cual se daría la curiosa coincidencia de que *Juanonus* hubiese nacido y fallecido el mismo día y el mismo mes. De conservarse el expediente de quintas en Bujaraloz, cosa que tampoco hemos podido comprobar, quizá despejásemos la duda.

Tampoco sabemos si, en ese momento, entró en el ejército y si tuvo "comercio" con las armas. Las literarias, pues fue un "letraherido" destacado, las primeras armas en letra de molde, las veló en la prensa bien popular del momento y el lugar, en *La Esquella de la Torratxa* y en su *Almanaque*. Esta publicación, apadrinada en su día nada menos que por Federico Soler, *Pitarra*, nació en 1872. Lo hizo como salvaguarda de su publicación hermana, *La Campana de Gracia*, víctima

22. *Diario de Barcelona*, 23.02.1889, p. 2400.

frecuente de la censura y el cierre gubernativos. De ambas sería asiduo lector Juan Usón y, muy pronto, pluma frecuente, principalmente con versos y en catalán.

En 1891 *L'Esquella* le incluye ya como uno de sus nuevos colaboradores. Charadas, pasatiempos, versos cortos, algún soneto y poemas de todo tipo son sus producciones. Dramas sociales de la calle, la pobreza, la prostitución, los hijos de padre desconocido, la relación entre la miseria y el vicio a que se ven abocados los pobres... las queridas de los burgueses, son temas recurrentes, tratados con desenfado y una cierta dosis de misoginia, quizá las propias de un "solterón" en ciernes al que las telarañas de su cartera no le dan oportunidad ni medios para "ligar" o entablar relaciones formales con alguna modistilla o moza del servicio de las que retrata o critica.

También carga contra todos los tipos sociales y sus vicios. Más temas: las relaciones laborales, los débiles, la instrucción, la necesidad de ella, los maestros... como Samuel Torner, la falta que hacen en un país donde en vez de escuelas proliferan tabernas y cafés. De principios de 1892 es un poema que encabeza una lista de "Epigramas" de otros autores. En el suyo bromea a propósito de un "inglés" de Poble Sec, con un humor también muy inglés, que tiene gran paralelismo con el aragonés.[23] Más epigramas, y uno suyo, en

23. *Almanach de l'Esquella de la Torratxa*, 1.01.1892, p. 135.

1893, a cuenta de la mala fama de los médicos. Como Moneva cuando le decía a Royo Villanova "pega, pero no recetes", Usón nos dice en verso:[24]

Si algún día estant malalt
te vols salvar de la mort
pren tot lo que vulguis, menos
lo que t'ordeni'l doctor.[25]

Más romántico, pero igual de socarrón, se dirige, con reproches amorosos a una tal Rosalía que presuntamente se burló de él, y deshojó su corazón de toda ilusión, en unas "Íntimas" de fino poeta.[26]

Alguno de los textos que hemos sabido encontrar son especialmente divertidos o reveladores de la manera de ser y de pensar del autor. Por ejemplo, el que dedica *"A un home que fa versos"* en que hace burla graciosa de las cavilaciones de cualquier poeta y de él en particular. Otro es una versión propia del cuestionario de Proust con ocurrencias como estas:

— *Cualidad que prefiero en un hombre. – La de ser rico sin ser burro (ric/ruc en catalán).*

24. *L'Esquella de la Torratxa*, n.º 735, 10.02.1893.

25. "Si estando enfermo, te quieres salvar de la muerte, tómate todo lo que quieras, menos lo que te recete el doctor".

26. En el *Almanach* de la misma publicación, de 1894, p. 175.

- *Reforma que creo más necesaria. – La de mis zapatos.*
- *Como querría morir. – De un hartón de risa, para irme contento al otro barrio.*[27]

En *La Campana de Gracia*, la de las "grans batallades" o campanadas del humor, la ironía y la lucha política, ya le conocían también, como lector y uno de los que *"han endevinat les solucions dels geroglifichs..."*.[28] En ambos medios, como decimos, publicó y escribió mucho, siendo además uno de los más asiduos concurrentes a la tertulia del editor, el librero Antonio López. Así lo dicen Hermoso Plaja y el propio Usón, como veremos en su "retrato".

---

27. *L'Esquella de la Torratxa*, n.º 752 de 9.06.1893 y n.º 743 de 7.04.1893.
28. Así lo publican en el número 1.040, de 27.04.1889. Él mismo publicaría alguno en la revista hermana, *L'Esquella*, en 1891.

4. Retrato de Usón

Fiel a más no poder, debe ser, no lo dudamos ni un ápice, el autorretrato, de juventud, en verso y en la lengua catalana, incipiente pero acrisolada, de la plenitud de la "Renaixença", que gastaba el que más adelante se llamará *Juanonus*:

J. USÓN (1)[29]

Si alguno de los que me leen
(quizá no haya nadie que lo haga)
quisiese tener la humorada
de saber quién soy yo,
le suplico que repase
las octavas aquí adjuntas,
que no son nada más que apuntes
que me presentan tal cual soy.

Soy aragonés, no lo niego
pues no está bien que un baturro,
dándose ínfulas de "curro"
su patria quiera negar.

29. *L'Esquella de la Torratxa*, n.º 836, 18.01.1895, p. 42. El original, en catalán, que hemos traducido directamente perdiendo la rima, lleva su nota a pie de página (1), que reza: *"Imitant als poetas de valía / també'm faig jo mateix la biografía"*. Es decir, "como Juan Palomo, yo me lo guiso, yo me lo como".

Quiero a la Pilarica
porque es mi patrona,
e idolatro a Barcelona
porque me proporciona el yantar.

Del tiempo de mi tierna infancia
no "cal" que explique los fracasos
pasé 16 años escasos
en el pueblo donde nací.
Y como antes de tratarla
Barcelona ya me era grata
en coche, en carril y a pata
aquí me vine a vivir.

Desde que aquí me presenté
(por más que decirlo no me cuadra)
no he hecho más
que trabajar "como un ladrón"
según el dicho vulgar.
Pero por más que trabajo
la necesidad me aprieta
y nunca tengo una peseta
que me pueda gastar.

Si hago uso, o tal vez abuso,
de la lengua catalana
acúsese a *La Campana*
La Esquella y otros papeles,
que importándoles tres pitos
todo lo que el público diga
dando pie a que yo escriba
pifias, pifias y nada más.

Por lo demás, tengo buen carácter
si me dan lo que deseo,
y soy de los que perdonan
a quien una afrenta le hacen.
Sin tener nada de sabio
tengo mucho de burro
soy tozudo como un baturro
y franco como un catalán.

Tengo veinticuatro años y pico
y si bien soy un poco chato
tan solo defiendo y acato
los ideales avanzados.
Trabajo de lo que se presenta
nunca de los mendigos me aparto
fumo puros de los de cuarto
y cigarrillos fajados.

Soy un pelo más feo que el monstruo
y puede que hasta me favorezca.
En lo que respecta al vestir, me visto
con prendas ajenas.
Con decir que soy corto de talla
y que cuando me pica, me rasco,
dejo acabado el retrato
auténtico de "don" ... J. Usón

En el mismo medio, *L'Esquella*, que desde 1891 le acoge en sus páginas con asiduidad, publicó en 1892 una autocaricatura quevedesca, titulada "Un tipo" que demuestra, una vez más, que el humor bien entendido, ese que podríamos denominar *humor aragonés*, catalán o universal, empieza teniendo como objeto a uno mismo, a la persona, al pueblo, a la región, etc.[30] Es el reírse de uno mismo y reírse consigo mismo y con quien sea, compartiendo la hermandad del humor, del carácter y la bonhomía que caracterizaban a Juan Usón. Por eso mismo, y por muchos otros motivos, debió leer con atención, y un cierto agrado, el retrato que de él hacía la autoridad —militar, por supuesto— en este edicto:

> D. Claudio Macías Galán, segundo Teniente del batallón de Cazadores Mérida, núm. 13 y Juez instructor de la causa que se le sigue al soldado Juan Usón Calvete, por el delito de deserción sin armas:
>
> Por la presente requisitoria cito, llamo y emplazo a Juan Usón Calvete, recluta para servir en Cuba por

30. *L'Esquella de la Torratxa*, n.º 685, pp. 118 y 120: *¿Ustedes no le conocen, carísimos lectores? Es de lo más raro que se ha visto en el mundo. Tiene la cabeza como una calabaza, ¡qué digo...!, como un melón. Su pelo parece una mata de cardos. Tiene la frente llena de arrugas, la nariz como un pimiento morrón, la boca de túnel y es cuellilargo. Sus ojos ¡no es broma!, son dos surtidores, por los cuales chorrea el agua, a discreción. Tiene orejas de pámpano y abombado el cuerpo. Las piernas torcidas, sus pies... de plomo son. Lleva los calzones cortos, el sombrero pasado de moda. Las botas "sonríen" por todos los costados. Pasa frío y hambre, tiene callos... Si juega a la lotería, ¡nunca le toca un real! No puede hablar de amor a ninguna chica, pues todas al verle, tan feo y asqueroso, le dicen burlándose: ¿Dónde va este modorro? No tiene amigos ni amigas, siempre va más solo que la una ... y ¡vaya! es un hombre bien desgraciado. ¿Ustedes no le conocen, carísimos lectores? Pues, bueno, ese tipo es... un servidor. J. Usón.*

el tiempo que dure la campaña y seis meses más, hijo de Gerardo y de María, natural de Bujaraloz, provincia de Zaragoza, soltero, de oficio marmolista, cuyas señas particulares son las siguientes: pelo negro, cejas al pelo, ojos negros, nariz regular, barba poca, boca regular, color sano, señas particulares ninguna. Sabe leer y escribir, de estatura un metro 609 milímetros, para que en el preciso término de 30 días á contar desde la publicación de esta requisitoria, comparezca en el Cuarto de Banderas del Batallón de Cazadores de Mérida, núm. 13, sito en el Castillo Principal de Lérida y á mi disposición, para responder a los cargos que le resultan en la causa que se le sigue por el motivo de la falta que cometió al desertarse; bajo apercibimiento que si no se presenta en el plazo fijado, será declarado rebelde, parándole el perjuicio que haya lugar.

A su vez, en nombre de S. M. el Rey (Q. D. G.), exhorto y requiero á todas las Autoridades, tanto civiles como militares y de policía judicial, practiquen activas diligencias en busca del referido soldado Juan Usón Calvete y en caso de ser habido sea conducido al Castillo Principal de esta capital y á mi disposición, por tenerlo así acordado en mi licencia de este día.

Dada en Lérida á 2 de abril de 1900.— Claudio Macías.[31]

Desconocemos tanto las resultas como los antecedentes de este edicto. Suponemos que, en algún mo-

31. *Boletín Oficial de la Provincia de Zaragoza*, n.º 76, 27.09.1900, p. 687.

mento, entrada la década de los noventa del siglo XIX, debió ser llamado a filas. Luego quizá estuvo a punto de ser embarcado para Cuba en vísperas del desastre del 98 y de ahí la deserción. También queremos remarcar la profesión, manual y de oficio, de marmolista, que señala el edicto, previa a las más relacionadas con el libro, la impresión y la redacción, muy en consonancia todas ellas con el mundo anarquista de la Barcelona de entre siglos.

Desde su llegada a la Ciudad Condal, al decir de Hermoso Plaja, "se integra en el ambiente catalán". A Plaja se le cita con frecuencia, pero muy de oídas. Por eso vale la pena que transcribamos aquí la fuente original, que encontramos hace años en una biblioteca singular barcelonesa, la Arús, subversiva y heterodoxa como pocas, donde también hallamos un raro ejemplar de *Candasnos* la novela de nuestro paisano y pariente José Sampériz, en cuya reedición, al modo de lo que ahora hacemos con Usón, colaboramos con Salvador Trallero en 2021.

Plaja conocía muy bien a Usón en todas sus facetas, pero especialmente en la humana. De ahí el interés de la cita, que hará que el lector, y nosotros mismos, le conozcamos. A falta de fotografía de Usón, que no renunciamos a encontrar, siquiera sea a raíz de la presentación de su obra en Bujaraloz, la cual esperamos que sirva para espolear la curiosidad de sus paisanos, tenemos este primer "retrato", magnífico de *Juanonus*, que completaremos, más adelante, con el de otras personas que le conocieron bien y le trataron a fondo.

Dice y escribe Hermoso Plaja:

JUAN USSON (Juanonus)

[Fol. 1] *Viejo aragonés de...*[32] *era hombre de una campechanía poco común. Era el tipo del catalán que, aparentemente, parece desinteresarse de todo problema que afecta a la comunidad. Y en cambio, la realidad era muy otra. El buen Juanonus, disponía de un humor poco frecuente entre la familia anarquista. No era adusto, sino seriamente jovial, cuando reía lo hacía frutivamente* [sic] *y apenas se le veía contraer el rictus. No obstante, cuando tenía "vena" uno se moría de risa. Era agudo, penetrante, incisivo. Su ironía era como puñal suave que se clava sin causar dolor.*

En su mocedad frecuentaba la peña de Rusiñol, Guimerá, Iglesias, Pujulá y Vallés y otros que, en la librería de Antonio López de la Rambla del Centro número 20, era el cenáculo de la gente de la época. De aquella época rosada de los "nuevos románticos" de Cataluña.

Todo el mundo le quería. A pesar de conocerle sus ideas, se le respetaba y se le encomiaba a colaborar en la prensa satírica catalana, "L'Esquella de la Torratxa" y "La Campana de Gracia", editada por dicho librero Señor López.

32. Así en el original, lo que interpretamos como duda que debía tener Plaja acerca del pueblo natal de Usón, cosa que se confirma al final al decir lo de "Teruel".

Lluís Capdevila en el frente aragonés.

Era un poeta. De una sola pieza. Su humorismo ganaba a los profanos y a los "dilettanti". Había colaborado en "La Tramontana" con Juan [corregido a mano pone José] *Lluna. Y en "La Tramontana" de Seguí y A. Montaner.*

[Fol. 2] *Pasó como todos los luchadores anarquistas, días de prueba, duros y muy angustiosos. Pero el humor no le abandonó nunca con su "Caliquenyo" entre los dientes, hablaba siempre con buen humor y ayudaba a digerirlo a sus oyentes. Colaboró, desde su aparición en Barcelona, en "Tierra y Libertad" formando parte de dicho grupo.*

Nunca olvidó que era anarquista. Y cuando hablaba, no hacía ni demagogia ni era sectario. Acep-

taba la verdad ajena, pero la oponía con suavidad y buena lógica, la suya.

Su obra literaria, sus escritos sobre ideas, son considerablemente interesantes. De mucha enjundia. Y muy numerosa su producción en general. Es difícil poder recolectar todo lo esparcido. Algún día quizá sea posible reunir todo este material, pues no salió de Barcelona [Usón y sus escritos, se entiende], *y quedó al lado de un librero en cuya casa creemos debió morir. Allí seguramente se hallarán retazos de su existencia pródiga en enseñanzas y en honesta conducta.*

Debía tener unos 74 años al morir.

Era de Bujaraloz, Teruel.[33]

La pluma de Lluís Capdevila, convertida en fino pincel, nos ha dejado otro "cuadro", más valioso que el más colorista de los óleos, "pintado" en 1937, pero desde luego habiendo visto "posar", ante el mundo, a su modelo, desde muchos años atrás. Traducimos del catalán, con la máxima fidelidad, y el ánimo que ponemos en la labor, como paisanos de Usón que somos, y tras haber pasado la mayor parte de nuestra vida profesional enseñando la lengua de Guimerà y de Verdaguer en las aulas de diversos institutos de Barcelona, tras aprenderla, a la manera de Usón, a partir de los veintidós años

33. Biblioteca Pública Arús, Fondo de Hermoso Plaja, Semblanzas, "Juan Usson (Juanonus)". Transcrito por el autor de estas páginas biográficas. Se ha conservado la puntuación original.

cumplidos, momento en que arraigamos en Cataluña. Capdevila dice así de *Juanonus* o de Usón:

> *El autor de este libro que hoy quiero comentar* [se refiere a este mismo *Romancero* ahora en las manos de ustedes, como en ese momento la publicación original, recién salida de imprenta, se hallaba en las manos del periodista] *es un viejo amigo que merece, como pocos, el nombre de amigo, otorgado casi siempre con mucha ligereza.*
>
> *El autor de este libro no es popular, no es famoso, no es socio del Ateneo, no funge de intelectual desde que se pone los calcetines por la mañana hasta que se los quita por la noche, como hacen tantos otros que, sólo porque leen la* "Nouvelle Revue Française" *casi sin echar mano del diccionario, se creen el centro del universo.*
>
> *El autor de este libro es un hombre ya viejo en años, pero joven, jovencísimo, de espíritu. Menudo, enjuto, con el rostro arrugado como una pasa, con una mirada viva, lúcida, inteligente, el autor de este libro es un hombre franco, abierto, recto, leal, que se revuelve contra la injusticia, venga de donde venga. Nacido en tierras aragonesas, ha vivido casi siempre en Barcelona. Yo lo conocí, ya hace años, en una barraca de libros viejos en Santa Madrona. Evocando aquellos tiempos de juventud y heroica bohemia, he querido trazar su silueta en mi novela* "Home d'amor i d'aventura". *Él, sin embargo, se merece mucho más que una simple silueta en una novela. Lo merece por su rectitud, por su gran espíritu comprensivo, por su integridad moral.*

El autor de este libro es un viejo anarquista que ha puesto en su ideal una dignidad inmaculada y admirable. Cuán bello y alentador es, en esta época de tránsfugas y de "trepas", ver y admirar a un hombre que se ha mantenido siempre fiel a un ideal.[34]

Cerramos con Balagué, el prologuista del *Romancero*. La subjetividad de su apreciación acerca del colega, del empleado, del maestro y del veterano, que todo eso y más debía ser Usón para él, no puede empañar la objetividad del retrato, en caliente, hecho desde Barcelona, al recibir la carta que *Juanonus* le mandó desde su Bujaraloz natal:

Es Usón el hombre rebelde por antonomasia. Sencillo, bueno, casi tímido, de aspecto humilde, nadie diría al verle que aquel hombre posee una cultura envidiable. Es un verdadero autodidacta. Es un precursor del obrero español de hoy, que sin ayuda del aula oficial y con sólo su apetencia de lecturas y su afán de perfección, se forma una cultura libre que para sí quisieran algunos estudiantes cargados de títulos oficiales.[35]

---

34. Lluís Capdevila, "Versos de la revolución", *La Humanitat*, 2.06.1937, p. 4. Publicado en la recopilación *Les 227 cròniques de guerra de Lluís Capdevila 1936-1939*, a cargo de Josep M. Figueres, Barcelona, Fundación "Josep Irla", 2011, pp. 253-254.

35. Juan Balagué, "Al fascio. Carta de Bujaraloz. Juan Usón, el rebelde, o cincuenta años después", *Tierra y Libertad*, n.º 34, 10.09.1936, p. 5.

LLUÍS CAPDEVILA

HOME D'AMOR I D'AVENTURA

NOVEL·LA

Barcelona

1935.

Novela de Capdevila donde aparece *Juanonus*.

5. El anarquista y activista político

Los repertorios biográficos del mundo obrero se esfuerzan en señalar la procedencia netamente proletaria de Usón, caso raro entre los publicistas de la "Idea". Se dice que desde 1902 ya estaba vinculado a Ferrer y Guardia.[36]

Recordemos que Santiago Salvador, sedicente anarquista, aunque su "acción" con la bomba del Liceo fue de lo más dañina para el movimiento, era de Castelserás (Teruel). Samblancat, exaltado propagandista grausino, decía que era necesario que los aragoneses tirasen bombas también, aunque solo fuesen de tinta, para llamar la atención, al menos, y que Aragón dejase de ser el sujeto político olvidado que era y, nos tememos, sigue siendo. El individualismo aragonés, la pasión por la verdad y la libertad, así como el rechazo de la docilidad adocenada y del servilismo, casan, y mucho, con la pulsión anarquista, a veces derivada, por acción o reacción, en violenta. Hubo notorios aragoneses o de origen aragonés, que ejercieron la violencia política, además de Salvador: Pallás, Cerezuela, Pardiñas, Sancho Alegre, etc.

---

36. Maria Teresa Martínez de Sas y Pelai Pagès, *Diccionari del moviment obrer als països catalans,* Barcelona, Publicacions de l'Abadia de Montserrat, p. 1397.

Por eso, nuestro hombre escribirá:

Yo no creo en una vida de tranquila dicha o
bienaventuranza
y mis rezos son protestas y amenazas de venganza
contra los déspotas que juegan con la vida de los
humanos.

En la Barcelona del 15 de octubre de 1904 aparece entre los firmantes de una "Carta abierta"[37] donde protestan de las torturas y de los castigos infligidos a algunos de los complicados (con presunción e indicios, o sin nada de todo ello) en el proceso de la bomba del Palacio de Justicia, en el que andaba metido Hermenegildo Rull, hermano de Juan, que sería ejecutado en la Modelo mediante garrote, en 1908, tras una larga carrera en la que no se sabe si tenía más peso su faceta de terrorista o la de confidente policial y gubernativo. Precisamente en 1904 se estrenó la Modelo, la cárcel de Barcelona por antonomasia y, al decir de algunos autores, Juan Usón fue uno de sus primeros inquilinos, si bien no hemos sabido encontrar ficha o registro de tal circunstancia en lo que se conserva de sus archivos.

A raíz de la represión desatada con motivo de la Semana Trágica muchos obreros y activistas fueron desterrados. Entre ellos, Juan Usón, que lo fue a Almudévar, desde donde escribe a un periódico en octubre

37. *El Diluvio*, n.º 290, 17.10.1904, p. 4.

¡VISCA LA FARSA!

SONET

Archs triomfals, gallardets, flors, banaeretas,
veneració servil y adulterada,
y una massa inconscient y assalariada
que crida *¡viva el rey!* per tres pessetas.
Colocació de llums y de bombetas;
doblegaments ridículs d' espinada,
y exhibició grotesca y descarada
d' una colla d' estúpits y d' estetas.
Tals son els fets, que cubrirán de gloria
als que s' han distingit fent de comparsa,
y s' han valgut de la social escoria
sols per veure si logran enlayrarse;
pró mentres ells entonarán victoria,
el poble cridará: ¡Visca la farsa!

J. USÓN

Soneto antimonárquico de Usón, con motivo de la visita de Alfonso XIII a Barcelona en 1904.

de 1909, y donde según el mismo periódico "hasta los reaccionarios les miran con respeto".[38]

Lola Iturbe dejó escrito que en esa Barcelona de principios del XX *"traté y conviví* [...] *con viejos militantes, muchos de ellos alrededor del grupo Tierra y Libertad que publicaban el semanario y editorial del mismo nombre"*. Entre ellos cita a Antonio García Birlán, Tomás Herreros y Juan Usón (*Juanonus*), los principales redactores del semanario.[39]

38. *El País*, 26.09.1909, p. 2 y 5.10.1909, p. 3.

39. Memorias de Lola Iturbe Arizcuren en Sonya Torres Planells y Antonia Fontanillas Borrás, *Lola Iturbe Arizcuren. Vida e ideal de una luchadora anarquista*, Barcelona, Virus Editorial, p. 99.

Se mueven en torno al Centro Obrero, ubicado en un segundo piso de la calle de Ponent —hoy de Joaquín Costa, donde se halla el Centro Aragonés de Barcelona— cerca o haciendo esquina con la calle de la Paloma. Destacan allí José Negre y Anselmo Lorenzo, "el Abuelo" o "el Maestro" con gran ascendencia como mediador y conciliador de esfuerzos y tareas. Luego, hacia 1914, pasarán a la calle Mercaders, número 14.

José María Francés, periodista y escritor que acabaría en el exilio mexicano, amigo de *Juanonus*, le cita en su obra *Mi pistola quedó en casa y otras narraciones*. En esta obra, y en concreto en el relato "El anarquista de Tarrasa", da un repaso a lo que era la génesis de un obrero anarquista de "casta". También a su "pensar":

> *Su filosofía era fundamental, surgida del romanticismo innato de los anarquistas del ochocientos, capaces de quitarse el pan de la boca para compartirlo con el compañero hambriento, y abrir su puerta al perseguido e ir al patíbulo con él si era preciso, con tal de respaldarlo. Ya quedaban* [en los años veinte] *muy pocos de esos anarquistas del pasado. Aparte de Juan Usón, conocido por "Joanonus" y otra media docena* [...] *la gran masa de libertarios se inclinaba cada día más a establecer la vigencia de dos libertades, la propia y la ajena.*[40]

40. José María Francés, *Mi pistola quedó en casa y otras narraciones*, México DF, Editores Mexicanos Unidos, 1963, pp. 54-55.

La memoria de Federica Montseny tampoco flojeaba, en 1964, al hablar de esos anarquistas que marcaron el camino:

> *Fueron una generación de hombres la mayor parte abnegados y oscuros: obreros organizadores; militantes de base con fe y con constancia ejemplares. La forjaron en la labor de cada día, en el contacto humano cotidiano con sus compañeros de trabajo, con sus conciudadanos, con sus vecinos. No eran numerosos, pero en torno suyo congregaron pronto muchos miles.*
>
> *Fueron los que constituían los Comités de huelga en cada conflicto. Comités de huelga destinados a ir a la cárcel. A ella iban alegremente, entre anécdotas y chistes, aguantando heroicamente palizas, y días, semanas, meses, a veces años, de detenciones gubernativas.*
>
> *Eran hombres rudos, la mayor parte autodidactas, que se forjaron, a sí mismos, antes de echar los cimientos de la organización formidable que había de ser un día la* C. N. T.[41]

Y cita expresamente a Negre, Oliva, Franquet, Sanjurjo, Aláiz, Seguí, Pestaña, Plaja, Viadiu… y *Juanonus*, así por su seudónimo que era, por tanto, nombre de "guerra", tanto como de pluma.

---

41. Federica Montseny, "Los que forjaron la C. N. T.", *Espoir*, n.º 152, 29.11.1964, p. 2.

Las "armas" de *Juanonus*, al servicio de la "Idea", como las de muchos de sus correligionarios, sus "bombas de tinta" que decía Samblancat —en un uso de la palabra mucho más a la ligera y, desde luego, no tan consistente como la de Usón— serán la pluma, los libros, las prensas de los talleres tipográficos y las "rotativas" de los periódicos, medios y caldo de cultivo genuinos del anarquismo.

Escribe en su castellano natal y en su catalán aprendido de forma autodidacta, en ambos casos con un esfuerzo lector, oral y de práctica de "escribidor" dignos de encomio. La memoria del catalanismo de verdad y la cultura catalana han recordado, con elogio, el hecho de que *Juanonus* haya sido uno de los principales autores anarquistas que no solo no postergó ni le hizo ascos a la lengua catalana, sino que la dignificó y promovió cuanto pudo, siendo, a nuestro entender, los "aforismes" la mejor y más depurada expresión de una manera de hacer, decir y escribir que ya se vislumbra en los primeros textos de la "*Esquella*" que hemos citado más arriba.[42] Porcel lo alinea y lo equipara, con

42. Para muestra, la crítica, coincidente con la nuestra, que apareció en *L'Esquella de la Torratxa*, n.° 2493, 1.04.1927, pp. 223-224, seguramente debida al periodista Lluís Capdevila: *Hete aquí un pequeño libro, amable, gracioso, finamente satírico. No pretende tener trascendencia, y la tiene mucho más de lo que a primera vista pareciera.* [... Se trata de una obra] *de una valentía arrebatadora* [... los] "aforismes" *demuestran en su autor un gran amor al libro. Por obra y gracia de ese amor es tan agradable la lectura de este libro.*

el resto de la "escudería" de *La Tramuntana*: Llunes "auténtica potencia intelectual", Màrius Aguilar, Josep Masgoumiery —hermano de *Niel*—, etc.[43]

Estamos seguros de que Usón hubiese suscrito, punto por punto, la autodefinición de uno de sus maestros, Anselmo Lorenzo:

> *Me llamo anarquista* [...] *porque exigiendo la vida de relación que las cosas tengan un nombre, acepté el que convenía a mi mente y a mi voluntad* [...] *me adapté pensamientos para formar mi personalidad racional, de la misma manera que ingerí alimentos para conservar mi persona física. Me llamo sindicalista porque considero que no hay acción puramente individual eficaz ni aun posible, toda vez que en el exclusivo interior del cráneo no brota por sí mismo un pensamiento ni se origina un deseo sino a causa de excitaciones exteriores* [...] *en lo que aprendí, siendo mis maestros el mundo coma la historia y mis contemporáneos coma y está la causa de mis conocimientos y el motor de mi voluntad.*

---

43. Baltasar Porcel, *La revuelta permanente*, Premio Espejo de España, Barcelona, Planeta, 1978, p. 58. Le cita también en la p. 226.

6. El periodista

Lo que hemos leído de Usón, seguramente representa, apenas, la punta del iceberg de su producción escrita. De la teatral, que no era escasa ni mucho menos, no hemos sabido localizar nada escrito o impreso. De la poética, conocemos toda la que podríamos llamar "obra mayor": los *Dos-cents aforismes* del libro, el *Romanso de la festa del llibre*, las palabras, en verso, dedicadas a sus colegas libreros y el cénit de su obra "lírica" —aunque lirismo tiene poco— que el lector tiene ya entre sus manos al leer estas líneas, pues nos referimos al *Romancero Popular de la Revolución*. El grueso de lo escrito y publicado por *Juanonus* anduvo en letras de molde, en textos tan efímeros como las cabeceras de los periódicos que las acogían. Las hemerotecas y, hoy, una parte que sigue siendo escasa, lo que hay digitalizado en internet, nos permiten hacer una cata, como si "tacháramos" un melón o una sandía que cayese en nuestras manos en plena canícula monegrina. Y cuando hacemos eso, nos encontramos el agridulce regusto de la persona y el escritor socarrón, con una retranca y un humor crítico que llega incluso a conseguir que el lector se compadezca de aquello o aquellos que son objeto de la crítica de Usón, de aquello o aquellas personas que han espoleado y aguijoneado su intelecto y sus dotes con la pluma, para ilustrar, casi evangélicamente, cuál es el yerro señalado y cuál es la enmienda, o la penitencia, que se propone recetarle *Juanonus*.

Las principales cabeceras que acogieron los frutos de su magín y de su pluma fueron:

Escut català. Ya en 1895, aparece como colaborador, entendemos que espontáneo, en esta publicación.[44]

Avenir. "Publicación semanal de nuevos horizontes de perfección" rezaba su cabecera. Dirigido por Cortiella, estaba muy conectado con el teatro de vanguardia, seguidor de la estela de Ibsen y otros. Usón fue colaborador, muy implicado, de la publicación.

La Tramuntana o ***Tramontana.*** Fue fundado por Josep Llunas en 1881 y cerrado en 1896. Su ideario era un intento de aunar el anarquismo moderado —opuesto con vehemencia al terrorismo y la violencia (la propaganda por el hecho) como medios de expresión anarquistas— a pesar de que la comisión de diversos atentados conllevó su cierre y la detención del director. En 1903, con la colaboración de Usón y Josep Masgoumiery, se acometió la segunda etapa de este medio, aprovechando las mismas planchas, grabados y cabecera. La duración fue efímera, pero

44. Joan Torrent y Rafael Tasis, *Història de la premsa catalana*, Barcelona, Bruguera, 1966, pp. 214-215.

TRAMONTANA

ANY I — BARCELONA 15 DE FEBRER DE 1913 — NÚM. 1

REDACCIÓ I ADMINISTRACIÓ
CARRER TRES LLITS, 3, SEGÓN
SUCURSAL ADMINISTRATIVA:
KIOSK DE «EL SOL»
(Rambla de les Flors, devant del carrer Portaferriça)

SORTIRÁ ELS DISSABTES
S'ADMET COLABORACIÓ RESPONENT-NE DELS TREVALLS FIRMATS ELS SEUS AUTORS
NÚMERO SOLT: 5 CÉNTS.

aún hubo posteriores intentos de reeditarlo, a cargo de otros protagonistas. Tenemos a la vista, al escribir, el número 1, de 15 de febrero de 1913, en que, tal vez, unas *"Orientacions"* firmadas por *"La Redacció"* sean de cosecha de Juan Usón. En la misma portada, Anselmo Lorenzo, maestro y amigo del bujaralocino, recuerda épocas pasadas de la publicación y evoca la figura de José Llunas, ya fallecido.

En Titella. En 1913 salió a la luz, con carácter anticlerical y antiburgués, con mucho humor, que en el caso de Usón era casi siempre cáustico, si no vitriólico. Su director era Estanislau Planas y toda la publicación, de la que *Juanonus* era alma verdadera, se caracterizaba por lo avanzado de sus ideas políticas y filosóficas,[45] al decir de sus coetáneos. En este medio, Usón empleó, al parecer, otro seudónimo, el de *Cristòfol*, según Givanel.[46]

45. Joan Torrent y Rafael Tasis, ibídem, pp. 590-591.

46. Joan Givanel y Mas, "Cinc-cents pseudònims catalans", pp. 121-142 del *Butlletí de la Biblioteca de Catalunya*, vol. 8, 1928-1932, Barcelona, Institut d'Estudis Catalans, 1934.

En su número 1, de fecha 5 de diciembre, encontramos *"La cansó de moda"*, un poema revelador del "aire" que respira la musa del monegrino, por más que escriba en catalán:

¡Ladrón! ... ¡Ladrón!

Burgés, que't dons bona vida
i fas gastos colossals
per complaure una querida
que acabarà amb los cabals,
jo, en nom dels obrers qu'explotes,
ja qu'ells tan sumissos són,
te regalo aquestes notes:
¡Ladrón! ... ¡Ladrón!

Tierra y Libertad* y *Solidaridad Obrera. Las dos cabeceras con más abolengo, entre la prensa anarquista y proletaria de Barcelona son *Tierra y Libertad* y *Solidaridad Obrera*. En ambas tuvo un papel destacado *Juanonus*, pero en la primera, que es la más veterana, fue mayor. A tal punto que, en la que se tiene por tercera época —plenamente barcelonesa— de la publicación, *Juanonus* es un miembro más del tenaz y legendario grupo "4 de mayo" (nombre que recuerda el fusilamiento de los ejecutados en el proceso de Montjuic). Este grupo fue el promotor de *Tierra y Libertad* en 1907. Lo integraban Rico, Usón, Antonio García Birlán y, al frente de ellos, Tomás Herreros Miguel —otro anarquista de la vieja guardia— cuyo domicilio

Año 1.° · Número 7 | Barcelona 30 de noviembre de 1907

ORGANO DE LAS SOCIEDADES OBRERAS

SUSCRIPCIÓN	REDACCIÓN Y ADMINISTRACIÓN	Los beneficios de este periódico son destinados á la propaganda, organización y cultura de los trabajadores.
España: un trimestre . . . . . 1 pesetas Extranjero: un semestre . . . . . 3 francos	Calle de Mendizábal, número 17	Número suelto . . . . . 

Los esclavos modernos

Nuestra acusación

Caín, ¿qué has hecho de tu hermano?... ¿Qué has hecho, burguesía, de esas masas humanas que explotas y dominas?

Has muerto en ellos la conciencia de su vida, átados sin descanso á esta cadena que continuamente arrastran sin piedad siquiera de los viejos y los débiles, siguen resignados esta carrera, embrutecidos por esas jornadas de once horas de trabajo, á [illegible] infancia, al sacrificio del trabajo, sin indicarles otro porvenir que seguir la misma cadena; la misma rutina, el mismo sufrimiento.

En nada te preocupan sus quejas ni lamentos; y cuando, por azar, un hombre surge de estos esclavos y propaga á sus hermanos ideas de justicia y de redención, eres inexorable y cruel en tu castigo, hasta reducirlos por el hambre, se comprende, no consientes que tus esclavos tengan cerebro y corazón.

era un foco de actividad y propaganda anarquista. No obstante, por lo que respecta a la "Soli", los tiempos en que Usón tenía en ella más "mano", es para algunos autores, y entre ellos J. Ferrer, la época "literariamente e ideológicamente la más conseguida".[47]

En la que los estudiosos dan por su quinta época, *Tierra y Libertad* estuvo a cargo de *Juanonus* desde el 20 de enero de 1923 hasta el advenimiento de la dictadura de Primo de Rivera en septiembre de ese mismo año. No reapareció hasta el 12 de abril de 1930, no sabemos si con *Juanonus* o no en la redacción.

Criticón. Aparece nada menos que en mayo de 1937 en fechas que traen ecos de revancha y cainismo entre las propias izquierdas revolucionarias inmersas en lo más crudo de la Guerra Civil. El título hace referencia a la obra de Baltasar Gracián, lo que nos da idea de la hondura pretendida, aunque se anunciase como "semanario humorístico". Entre los colaboradores que se anuncian destacan Samblancat, Josep Masgoumiery, artistas como Bagaria, Les, Opisso, etc. No puede faltar el concurso de *Juanonus* que, de la *Soli*, parece que se pasó, con aire crítico, a esta nueva publicación. Todo esto ocurría casi al mismo tiempo en que Usón publicaba su *Romancero* y lo "vendía" en la Feria del Libro de 1937.

---

47. J. Ferrer, "De los tiempos idos", *Solidaridad Obrera*, n.º 647, 15.08.1957.

Hay otras cabeceras y medios, de Barcelona, del resto de España y hasta de allende los mares, que acogen sus escritos y los difunden. Como ejemplo de ello, hemos podido leer "Estómago y cerebro" publicado en *La Protesta* de Buenos Aires, en febrero de 1922.

Escribe de todo: de cine, de la mujer, de movimientos estudiantiles, contra los toros y la "fiesta nacional", sobre la Revolución rusa, sobre la violencia contra la mujer... Critica a la Iglesia, a la burguesía, a algunos de los medios obreros por insertar publicidad "burguesa", el encarcelamiento de niños, la hipocresía de los burgueses al celebrar los Reyes para niños pobres, la religión en general, hasta hablar de "una posible huelga de curas"... Acerca de las pensiones de los políticos, por sacar a relucir otro tema, de más actualidad hoy que hace un siglo, reporta su maestro y predecesor anarquista, José Prat, un análisis que ya hizo Usón, en 1907, a propósito de la "labor" legislativa de la Cámara de Diputados francesa: había concedido 17 céntimos diarios para cada obrero retirado, frente a miles de francos para unos pocos diputados con renta vitalicia.

Toda esta obra merecería, al menos, una futura edición de al menos una muestra, que nos ilustrase, como poco, de lo que era capaz Juan Usón como prosista y de la función "doctrinal" de sus escritos en los periódicos de la época.

TEATRO DEL CENTRO OBRERO

MERCADERS, 25

Deseoso el grupo artístico que actúa en este local de combatir de vez en cuando con las armas de la risa los sinsabores cotidianos, ha organizado para el sábado, día 28, una función humorística con el siguiente programa:

1.° Se pondrá en escena la divertida comedia catalana en un acto

La maleta del oncle

2.° Espectáculo jamás visto en este teatro, compuesto de varios números o atracciones sensacionales.

Una tragedia numérica.—La transmisión del pensamiento.—Sesión de espiritismo: Desaparición de un señorito y las cabezas parlantes.

3.° Estreno de la parodia en un acto y en verso más o menos castellano, perpetrada por el compañero *Juanonus* y denominada

La Gripe y el Tenorio

A las nueve en punto.
Habrá bandeja.

Anuncio en *Tierra y Libertad*, 1918.

7. *Juanonus* y el "teatro de clase"

Más de una vez, al hablar de Usón, se dice que "su obra literaria e ideológica es importante y abundante". Así lo confirmaba Plaja, en su semblanza-retrato que ya hemos copiado. Toda su obra es ideológica, eso nadie nos lo negará. Desde el sencillo artículo en los periódicos citados, hasta la más "deplorable" copla del *Romancero*.

Además de la tarea periodística, cultivó, a su manera, y con una calidad y estilo que no entraremos a valorar a fondo en este modesto ensayo biográfico, casi todos los géneros literarios, con una producción más que notable. Buena parte de ella apareció en prensa y constituye un reto importante, que no podemos asumir en estas páginas, el reunirla, comentarla y analizarla. No obstante, tenemos recogido el guante que, al respecto, lanzase Hermoso Plaja y que, nosotros mismos, nos hemos relanzado en más de una ocasión.

En el caso del teatro, hemos de hacer constar, en primer lugar, que formó parte del grupo de teatro libertario *Avenir*, fundado por el tipógrafo y escritor Felip Cortiella Ferrer, que impulsó las representaciones en el seno de agrupaciones y medios obreros, ateneos, centros obreros, teatros populares de barrio, etc. Nótese que siempre el teatro ha sido el género más accesible para el público analfabeto y el predilecto de individuos o masas que comenzaban a alfabetizarse. Es de destacar la fuerza que tuvo el teatro romántico y luego el teatro catalán de, pongamos, *Terra Baixa* de Guimerà. Los gritos del público, enfervorizado, cuando Manelic decía haber matado al lobo —que no era más lobo que el burgués explotador—, hundían los teatros. El grupo *Avenir* tuvo una editorial teatral, un periódico y una compañía permanente de arte dramático que pervivió más de un lustro. En ella operaban Albano Rosell, Leopoldo Bonafulla, Joan Sallent y Juan Usón, entre otros, en gran medida bajo la batuta de Cortiella.

También las clases dirigentes, en especial en la época modernista, siguieron utilizando el teatro como vehículo de transmisión de modelos y maneras de hacer plenamente burgueses, totalmente acordes con el ideal y las enseñanzas que convenían, para adiestrar, tanto a los demás burgueses —sus retoños— como al obrero, la menestralía y demás clases, bien incardinadas en un orden social perfecto y sereno, muy lejano del que la realidad de la Cataluña y toda la España del momento ofrecían.

Usón parece que era crítico con el teatro de otros autores. Así lo dice Felipe Aláiz, quien, hablando de Rusiñol, explica que *Juanonus* inició una protesta contra él o contra su obra *La lletja*, que impidió su estreno.[48] No conocemos el trasfondo que motivase o

48. Felipe Aláiz, "Tipos españoles. Santiago Rusiñol, paisajista fáustico y primer trasnochador", *La revista blanca*, n.º 345, Barcelona, 30.08.1935, pp. 6-7.

explicase esa actitud. Además, hemos encontrado publicaciones donde escriben uno prácticamente al lado del otro, por lo que es muy probable que se hubiesen conocido y tratado.

Hemos documentado las siguientes obras, todas ellas estrenadas y representadas, al menos una vez:

L'observatori social o una habitant de la lluna. Revista en un acto y tres cuadros y una apoteosis. En *La Vanguardia* y en *La Publicidad*, se anunciaba su representación en el teatro Apolo de Barcelona, en el sexto lugar de la velada del martes 14 de noviembre de 1916. El compañero Ferrer dice que esta obra la sacó *Joanonus* "de su humorística y acerada pluma" y la titula "Astronomia social o un habitant de la lluna". También añade que está llena *"de crítica mordaz y amena* [y] *que, pese a la aceptación que tuvo el día de su estreno, los compañeros* [la] *dejaron en el más inmerecido olvido sin duda por tratarse de una obra escrita en idioma regional".*[49]

La revolta de Vilamansa, 1917.

Ninots socials, 1918. Caricatura en un acto, estrenado en noviembre de 1918, en homenaje de aniversario de la muerte de Anselmo Lorenzo, con

49. J. Ferrer, "De los tiempos idos (IV)", *Solidaridad Obrera*, n.º 650, 3.09.1957.

coreografía y otros elementos artísticos de los hermanos Masgoumiery.

La Gripe y el Tenorio, 1918. *"Parodia en un acto y en verso más o menos castellano perpetrada por el compañero Juanonus"*. Así se anunciaba en *Tierra y Libertad* el día de Navidad de 1918. La gripe del 18 fue la pandemia del siglo XX, muy recordada en 2020, al iniciarse la que todos hemos vivido recientemente, a cuenta del coronavirus chino de 2019.

TEATRO APOLO

Hoy martes, a las 9. Festival Pro Presos y Solidaridad Obrera. 1.º Sinfonía a piano y violín por la señorita Esquiroz y el señor Herrero. 2.º *Fantasmas*, por la compañía de Apolo. 3.º Lectura de un trabajo alusivo al acto por D. Roca. 4.º El notable tenor don Jaime Ferrer cantará composiciones de su repertorio. 5.º El eminente barítono Inocencio Navarro cantará varias piezas de su repertorio, acompañándole el señor Figueras. 6.º y último. La Revista en 1 acto y 3 cuadros y un apoteosis, original de Juan Uson (Joanonus), *L'Observatori social* o *Un habitant de la Lluna*.—Mañana, *La garra* y *Las huérfanas de la caridad*.

Anuncio en *La Publicidad,* 1916.

8. Optimismo y humor de un incombustible

Al abordar el tema del humor que caracterizaba a Juan Usón, no podemos por menos que acordarnos de mosén Andolz,[50] gran divulgador por escrito y de palabra de lo que ha sido y será el humor aragonés. Lo hacía, el recordado sacerdote y polígrafo, evocando a Puchamán de "Lobarre", a Pedro Saputo y a multitud de anónimos aragoneses y aragonesas que se reían hasta de su sombra. Nos viene a la memoria, también, el humor cándido y a la vez crítico de don Erre que Erre o de otros personajes de Paco Martínez Soria, humor forjado y cuajado también en la emigración de la familia de este actor de Tarazona, que se crio y profesionalizó en Barcelona.

Los que le conocieron y trataron supieron salvar la objetividad al hablar de Usón y, en particular, de su carácter y del humor, que era sin duda su rasgo más destacado. Mucho le debió tratar el librero Palau para que, a pesar de las "pullas" que *Juanonus* dedica en sus escritos a todos los de su gremio (editores, libreros, lectores, vendedores, autores...), dejase escrito que:

---

50. Rafael Andolz Canela, *El humor altoaragonés*, Zaragoza, Mira, 1992.

> *Usón en sus escritos se muestra tal cual es: amargado de la vida, cáustico, burlón. Sus chanzas son de buena ley. Posee intuición. Esto le permite juzgar de las personas y de las cosas con aciert*[51].

Ya sabemos cómo y cuánto ha trascendido lo que Hermoso Plaja dijera en su "Semblanza" acerca del carácter de *Juanonus*, que "era agudo, penetrante, incisivo" y cómo era el humor del gran somarda y socarrón que estaba hecho el de Bujaraloz: *"Su ironía era como puñal suave que se clava sin causar dolor. No obstante, cuando tenía vena uno se moría de risa"*. También dejó escrito que *Juanonus* había llevado "una existencia pródiga en enseñanzas y honesta conducta".[52]

Simpática es también la noticia que le llevó corriendo Felipe Aláiz, de Belver de Cinca, acerca de la primera huelga de pastores que se llevó a cabo en Bujaraloz. Usón, al recibirla, sintió una emoción inmensa.[53]

Una de las anécdotas más chuscas que se cuentan de *Juanonus* es la referida a su paso por el Hospital de la Santa Creu, centro que en su día causó la admiración nada menos que de Cervantes. Emili Salut, en su

---

51. Palau, *op. cit.*, p. 227.

52. Biblioteca Pública Arús, Barcelona. Véase la nota 33.

53. Véase la nota 35.

detallado libro,[54] dice que, en sus últimos tiempos, en dicho hospital morían infinidad de enfermos en el más puro abandono. El más célebre, quizá, Gaudí, puesto que se le trasladó allí tras sufrir el desgraciado atropello de tranvía que, a la postre y por lo que leemos en la obra de referencia, le costó la vida.

A *Juanonus* no le mataron los "matasanos", ni le dejaron morir abandonado, pero fue víctima de un diagnóstico equivocado y de una negligencia médica que pudo costarle la vida y que él parece que encajó con su conocido humor tan netamente aragonés. En efecto, Usón entró en Santa Creu para ser operado de una hernia. Por una distracción del médico responsable, le abrieron el costado contrario, motivo por el cual nuestro hombre no solo salió con una nueva herida en el costado bueno, sino también con la hernia en el mismo sitio donde la tenía al ingresar. "Pega, pero no diagnostiques", podría haber dicho Usón, parafraseando a Moneva.

También con los libros y su venta le sucedieron anécdotas chistosas. Estando en su parada del Paralelo, en Santa Madrona, le robaron el tomo primero de una obra que constaba de dos volúmenes. En cuanto se percató, ni corto ni perezoso, Usón plantó un letrero que decía: "Suplico al que se llevó el tomo pri-

54. Emili Salut, *Vivers de revolucionaris. Apunts històrics dels districte cinquè*, Barcelona, Llibreria Catalonia, 1938, pp. 65-66.

mero de esta obra que se lleve también el segundo". En otra ocasión, una mujer de aspecto mendicante le compró una novela de Sender, *Siete domingos rojos*. El precio era de 5,50 pesetas. Como *Juanonus* viera que a la mujer le costaba reunir el importe, le rebajó los 50 céntimos. Cuando ya tuvo el libro en sus manos, la buena mujer, a la vista del librero y de manera ostensible, arrojó el ejemplar a la alcantarilla más próxima.[55]

No tan bueno era, su humor, algunos ratos, pues según dice Eroles, refiriéndose a los tiempos de librero en Santa Madrona, Usón:[56]

> [...] habitualmente era una buena persona, pero el día que se enfadaba, o no conseguía recaudación, renegaba terriblemente y arrojaba en medio de la calle todos los libros que caían en sus manos, sin miramientos.

De cómo se lo aplicaba a sí mismo, el humor, nos referimos, es buena muestra un escrito, titulado *Un gladiador* —por los sablazos que iba dando—, al tener noticia de un caradura que, haciéndose pasar por él, iba dando "palos", y no de ciego. Dice así:

---

55. Palau, *op. cit.*, p. 550.

56. Emili Eroles, "El libre a Barcelona. Una altra eina de combat", *Catalans*, n.º 12, 10.06.1938, pp. 2, 16 y 17.

En Cádiz hemos tenido "el gusto" de enterarnos ha debutado este día "un gladiador", y no romano, sino castizamente español, muy español. Se trata de un ejemplar que maneja el "arte del sable" a las mil maravillas.

En el Centro obrero de la calle de Santiago, según nos participan, dio su primera acometida, presentándose como redactor de Tierra y Libertad, *bajo la* personalidad *de "Juanonus" y logrando sustraer 10 pesetas.*

La "pose" de este "artista" es esta: bastante moreno, alto y delgado, nariz aguileña, boina y cabello hacia atrás, "como los poetas clásicos", ropa color kake, con bastante labia y ninguna vergüenza; dice ser perseguido por la policía y dirigirse a Barcelona.

Conviene que donde se presente tan ducho "gladiador", que en lugar de los circos se tira a los Centros, se le melle *o se le* rompa *el sable para que no "pinche" más. Es lo mejor que puede hacérsele, para que se cerciore de ni esto es Roma, ni, aunque hay coletas en Andalucía, los andaluces son chinos.*[57]

57. *Rebelión* (Cádiz), 20.12.1919.

9. El librero socarrón y su visión del mundo del libro

Es solo una sospecha, pero se nos antoja que tal vez Juan Usón tuviese algún vínculo con el Modesto Usón Val, editor, impresor o ambas cosas, cuyo nombre aparece en el pie de imprenta de numerosas obras en torno al cambio del siglo XIX al XX. Igualmente debemos hacer notar otras relaciones entre el apellido Usón y el mundo del libro. Así, Raúl Usón es el propietario y editor de Xordica, sello zaragozano de renombre actual, y Ricardo Usón Calvete, hijo de Montañana, es escritor y tiene en su haber un título tan elocuente como *Escribe el alma*.

En cualquier caso, los libros fueron, para Juan Usón, su maná, su alimento, su savia vital. Bien lo entendió Balagué, cuando decía que *"Su amor a los libros, su afán de lectura, le dió una cultura sociológica y despertó en él una Musa rebelde y batalladora"*.[58]

Al parecer empezó vendiendo libros en los Encantes, a los que "asomó su nariz" a través de la ventana de un trapero. Era todo un personaje, dice Passarell. Trabajaba en un establecimiento de compraventa de muebles y materiales reciclables, procedentes de obras y derribos, que existía en la calle Urgel, en el

58. Véase el "Prólogo" del *Romancero*, pp. 7-9.

Juanonus fue un gran conocedor de los libros.

tramo que va del mercado de San Antonio a la calle Cortes. Al vaciar obras y pisos, aparecían, de tanto en tanto, montones de libros. Usón se encargaba de recogerlos y, de ahí, que empezara a comerciar con ellos, seguramente porque —añade el autor citado— ya estaba tocado del mal de la letra. Al parecer, se dedicó más profesionalmente a los libros a raíz de la Semana Trágica. Dice Palau que debutó con una pequeña biblioteca de libros de sociología. Compaginaba la venta de libros, la escritura en los periódicos y la literatura con su trabajo de diario. En 1914, ya se estableció por su cuenta y se instaló en el mercado de Santa Madrona, donde le conocieron muchos de los que han escrito sobre él. En 1921 entró al servicio de Juan Balagué en su librería de la calle Muntaner, en la cual ejercía como encargado. [59]

Baltasar Porcel le tiene en este aspecto, y en otros, en tan alto concepto que no duda en referirse a *Juanonus* como *"uno de los principales elementos de intelectualismo anarquista"*, y como *"Joan Usón, el aragonés catalanizado, tan buen bibliófilo que incluso sabía noticias de libros antiguos."*[60]

Compendio y suma de toda esa visión la hallamos cuajada en su obra más destacada en catalán, los *Doscents aforismes. Màximes, sentències i consells. Acoblats per un llibreter de vell... i endreçats als amants del llibre,* editados en Barcelona, por la Editorial Lux —de su "patrón" y amigo, Joan Balagué— impreso en la Neotipia, en 1926, 17,5 x 13 cm., 59 páginas. Se acompaña esta obra de unos *Gozos* que son más de lo mismo, es decir, otro resumen de su visión irónica y jocosa de la lectura, el libro, el comercio con ellos, etc. Todo, libro y *Gozos* está ilustrado con viñetas de *Niel.*

Palau dirá de esta obra que la forman *"sabrosos aforismos en verso, compuestos en los ratos de ocio (que son muchos), por un colega amigo, en los cuales manifiesta con estilo cáustico y desenfadado las amar-*

---

59. Palau, *op. cit.*, pp. 227-228 y Jaume Passarell, *Llibre de llibreters de vell i de bibliòfils barcelonins, d'abans i d'ara*, Barcelona, Millà, 1949, pp. 54-55.

60. Porcel, *op. cit.*, p. 75.

guras del oficio. Usón ha merecido el calificativo que algunos le han concedido de nuevo Fra Anselm Turmeda".[61]

Según este famoso librero catalán, se tiraron 10 ejemplares en papel del Japón a 15 pesetas, enteramente suscritos ya en el momento de editarse, así como 300 ejemplares numerados en papel de hilo, a 5 pesetas, de los cuales contamos con algunos en nuestra biblioteca particular y se nos "escapó" uno con los grabados preciosamente coloreados. Ya en 1952 alguno de los ejemplares se cotizaba a 125 pesetas.

También elogió el libro, y la figura de su autor como "conocedor de los libros y lector asiduo", muchos años después, su compañero *Fontaura,* Vicente Galindo Cortés, que recordaba una de las máximas o aforismos de Usón: *Cuando viajes en tranvía / no leas filosofía.*[62]

El autor declara, en el colofón, que el libro lo concibió un viernes de Cuaresma de 1925 —el hambre y el ayuno ayudan mucho a exprimir el magín—, fue gestado a trancas y barrancas entre las dos pascuas de dicho año y fue dado a la imprenta, o "parido", el día de Difuntos de 1926.

Y es que, como ya dice su autor, en el aforismo 175, no es lo mismo concebir un libro y parirlo, que, "simplemente", leerlo.

---

61. Palau, *op. cit.*, pp. 227-229.

62. En *Solidaridad Obrera*, 6.01.1955, portada.

10. El día internacional del libro y *Juanonus*. Entre san Jerónimo y *sant Jordi*

Hace tiempo que se daba por hecho que, en España, la Feria del Libro había sido de creación madrileña y el Día del Libro, barcelonesa. Se afirma, al parecer con solvencia, que lo que ahora celebramos el 23 de abril, antaño se celebró el 7 de octubre, supuesto aniversario del nacimiento de Cervantes. Se atribuye la iniciativa al editor y escritor valenciano Vicente Clavel Andrés, asentado desde 1920 en Barcelona, que regentaba la editorial Cervantes.

Casi paralelamente, libreros y editores, a iniciativa de Juan Bautista Batlle, recuperaban la devoción a san Jerónimo como su patrón. A partir de 1924 y bajo la denominación de "Las Artes del Libro", organizaron una ceremonia religiosa anual, la comida de hermandad de rigor, imprimieron "gozos" y efigies del santo, etc.[63]

Pero un artículo de ¿Ramón? Franquet, también de la vieja guardia anarquista, publicado en 1960,[64]

---

63. *Catálogo ilustrado de la primera exposición iconográfica de san Jerónimo*, Barcelona, Gremio de Libreros y Gremio de Editores, 1959, p. 6.

64. R. Franquet, "Anécdotas de Juan Usón", *CNT*, n.º 799-800, II Época, Toulouse, 28.08.1960.

pero conocido gracias a internet mucho más recientemente, atribuye a Juan Usón la creación de la fiesta o celebración, como quien dice de carambola, y en los primeros tiempos de la dictadura de Primo de Rivera. Nosotros estamos convencidos de que fue en 1926, pues así lo dice el "Romanso de la festa del llibre", del que hablaremos. Dice Franquet que:

> *Juanonus nació en Bujaraloz. Era de un carácter razonador y recto. Con sus economías, logró tener una Barraca de libros en Santa Madrona (Barcelona). El que suscribe, cuando no trabajaba, pasaba muchos ratos en dicho sitio. Un día, estando juntos tenía el diario en la mano.* [...] *indignado, lanzó un buen reniego, diciendo:*
>
> *—La prensa se desgañita por los ases del deporte, reinas de los mercados y demás porquería, y de la cultura nadie se acuerda.*
>
> *Ocurría esto por los años 1924 ó 1925, periodo de la dictadura de Primo de Rivera. Cogió papel y pluma y redactó una solicitud a Capitanía General, pidiendo autorización para organizar una Fiesta o Feria del Libro. ¡Caso curioso! La demanda le fue aceptada y la autorización concedida.*

Cuando descubrimos esta fuente, imaginamos, como otros han hecho después y han divulgado, que el creador del "Sant Jordi" de libros y rosas era nuestro *Juanonus*. Desde entonces, uno de nuestros empeños investigadores es dar, si es posible, con la petición que

Usón elevó a la autoridad competente, o bien encontrar la concesión de lo solicitado.

Eso nos confirmaría, o no, que lo que antecede es cierto, así como la fecha de celebración que, pensamos, a pesar de todo, que era octubre, fecha que tal vez tiene que ver con que el 30 de septiembre se celebra, y se celebraba rumbosamente en los años veinte, la fiesta de san Jerónimo, patrón de los libreros. En 1928 unos cuantos de ellos celebraron la fiesta con una comida de cuatro duros por barba, lo que dio pie a que *Juanonus* versificara, en su mejor estilo irónico y con gran dosis de autocrítica hacia el gremio, el poema *Prenc la paraula. Versos endreçats a uns quants llibreters que el dia 30 de setembre celebra una festa religiosa en llaor de Sant Jeroni*... Este poema, que conocemos en versión mecanografiada, está fechado en septiembre, seguro que en fecha bien próxima al día de san Jerónimo.

Más elocuente, en favor de nuestra idea o suposición, es la edición, en 1929, seguramente a costa de su bolsillo, del *Romanso de la festa del llibre*, un folleto o "pliego de cordel" de cuatro páginas, escrito en catalán, con pie de imprenta barcelonés,[65] fechado —y esto es lo significativo— en octubre, pasado por la censura gubernativa como reza el propio impreso, e ilustrado por *Niel*, para variar, con evangélico lema *"No tan sols*

65. Imprenta de C. Gisbert, Nou de Sant Francesc, 25, de Barcelona, el ejemplar de mi biblioteca y todos los que conozco.

de pa viu l'home". La ilustración de la cabecera nos ha hecho pensar que *Juanonus*, que no firma ni hace constar la autoría —porque no hace falta, y porque era enemigo del *copyright*— pudiese llevar gafas como el pregonero o "romancero" de la fiesta, que dibujó Masgoumery.

Grabado de san Jerónimo, patrón de los libreros.

11. El *tío Juaner* regresa al Bujaraloz resucitado de Durruti

La Diagonal y el paseo de Gracia hervían aquella mañana en que las columnas catalanas se disponían a partir hacia Aragón, a la conquista de Zaragoza, para librarla de las garras del general Cabanellas. Léanse ahora los poemas "19 de julio", "Los milicianos" o "A Cabanellas".

Es a esos, milicianos y milicianas, a los que canta *Juanonus*, hombres despechugados y chicas bonitas, al decir del periodista. Cerca de la calle Provenza, de la Pedrera de Gaudí, se encuentra con él José María Francés, testigo de que las lágrimas de emoción y alegría corrían por las mejillas de Usón. Después de setenta años consagrados a la lucha por la Libertad, sus ojos creían, de buena fe, tener al alcance la compensación moral del triunfo de la Idea, dice Francés. Confiesa el colega, el escritor, justo un año más tarde, que él también soñaba en aquel momento, como *Juanonus*, pero...[66] Concluye, diciendo que, si todos hubiesen tenido el empuje y la decisión de aquellos que marchaban al frente, aunque hubiese sido con las uñas,

66. José María Francés, "Tal día com avui", *La Humanitat*, 24.07.1937, p. 4.

la partida se hubiera ganado en ocho días y Zaragoza hubiera caído, como fruta madura.

Por lo que parece, a *Juanonus* le vinieron rápidamente el coraje y las ganas de "alistarse" como miliciano, pero con libros, que eran su "fusil".[67] Poco después, debió convencer a su amigo Balagué y, a primeros de septiembre —ya pasadas las fiestas, que Durruti permitió o mandó que se celebrasen en honor al "camarada Agustín" en sus fechas tradicionales, es decir, el 28 de agosto— se plantó, con el camión de la "Soli", en Bujaraloz. Desde allí escribió a Balagué, a quien le faltó tiempo para trazar, en *Tierra y Libertad*, una semblanza magnífica del amigo y del hombre público, a la vez que rogaba al periódico la inserción de la carta de *Juanonus*, a la que Balagué o la publicación titularon:

> ***Resurrección de Bujaraloz***
>
> *De la carta escrita por el compañero Usón desde Bujaraloz, entresacamos estos párrafos:*
>
> *Amigo Juan: Ya estoy en Bujaraloz, y completamente satisfecho de haber hallado un Bujaraloz bien diferente del que abandoné hace más de cincuenta años. Los "chiquetes" de ahora no pasan el hambre*

67. Su amigo Capdevila, que estuvo mucho en Alcañiz durante la guerra, se confesaba hombre de libros, más que de armas, aunque, según confiesa, desde septiembre del 36 tenía más comercio con estas que con aquellos.

que pasaba yo, y los trabajadores del campo sudan menos que sus abuelos y sus padres. Pueden exponer en plena calle sus ideas sin miedo a las venganzas de los Gros, Rozas y otros caciques de la época de mi infancia.

Yo, que creía hallar la casa de mi padre en ruinas, la he encontrado "rejuvenecida", atendida con esmero y decorada con sobrio y exquisito gusto por mi sobrina Isabel. Casimiro, el marido de esta, no está supeditado al miserable jornal a que estaba supeditado el tío Gerardo, mi pobre padre.

Si vienes con el donativo de libros para hospitales y milicianos, verás que la casa de la "calle Nueva número 9" está mejor que la de algunos obreros barceloneses.

Yo que he pasado más de cincuenta años sin venir a Bujaraloz, pensando que la gente se horrorizaría de mis ideas, me he encontrado con la grata sorpresa de un pueblo completamente nuevo, un pueblo que piensa y trabaja con ahínco con una profunda renovación social. Estoy, pues, satisfecho de hallarme entre mi familia, que me recibió muy bien y lo mismo digo de mi otra familia de orden social.

Yo creía que en Bujaraloz nadie se acordaría de mí, y les ha faltado tiempo a los hombres de mi edad para venir a casa de mi sobrina a ver a Juan, "el del tío Gerardo", y recordar juntos aquellos duros tiempos lejanos, y sobre todo, el hambre que nos roía a todos…

Deseo, pues, amigo Juan que vengas con el donativo de libros, para que tú también disfrutes de mi

Milicianos con los perros de Gros
en el Bujaraloz de 1936

alegría y veas este Bujaraloz tan diferente del que yo te pintaba, hablando de los años de mi infancia.

Aquel "romance" que les dediqué, te puedo asegurar sin exageración que lo ha leído todo el pueblo. Y al pasar por las calles, solo o acompañado, todo el mundo adivina que soy el "chico del tío Gerardo".

He explicado que vivo en tu casa como entre familia y me recomiendan que vengas con el donativo de libros, pues desean conocerte. Bujaraloz ha resucitado. Otro mundo es este, radiante de esperanzas y de realidades ya conseguidas por esos bravos que están aplastando al fascismo por estos campos.

Salud. J. Usón ("Juanonus")

Bujaraloz, 8 de septiembre de 1936.

A punto casi de llegar el verano siguiente, el del 37, por las fechas en que se publicó su libro, este *Romancero*, concebido y medio escrito en el viaje a Bujaraloz que acabamos de repasar, el propio *Juanonus* nos detalla en la prensa, más a fondo, cómo fue su viaje al Bujaraloz de 1936, qué trato tuvo con Durruti y cómo, con su amigo Balagué, hizo su guerra particular, a base de libros, cultura y acracia, haciendo bueno aquel dicho de que el movimiento se demuestra andando.

Muy elocuente es el título del artículo. Es más claro y conciso todavía que el soberbio eslogan acuñado por otro prohombre aragonés del momento, como fue el tamaritano Isidro Comas Macarulla, *Almogávar*:

"Pedimos libros aragoneses, porque padecemos hambre y sed de Aragón."[68]

Faltan libros[69]

Fue el pasado verano, cuando por iniciativa de mi amigo Juan Balagué, repartimos en el sector de Bujaraloz unos dos mil libros, casi todos donados por él, y unos cuantos, no muchos, ofrecidos por libreros barceloneses, amigos nuestros.

Repartir unos centenares de kilos de papel impreso por pueblos, avanzadas y avanzadillas, era una cosa emocionante. Y más emocionante, todavía, era ver a los chicos de Bujaraloz invadiendo la casa donde yo nací, pidiéndonos un "libred".[70] *Porque enseguida corrió por el pueblo la voz de que el chico del tío Gerardo y un amigo suyo, convertidos, poco más o menos, en Reyes Magos, habían llegado con la misión de repartir libros entre los "chiquetes" del pueblo.*

Un mocoso de ocho años, hijo de una sobrina mía, fue el espontáneo divulgador de nuestra llegada. Él no había visto en su vida más que sacos llenos de trigo, que en Bujaraloz y en muchos pueblos aragoneses, se mide por fanegas y cahíces. Y al ver en su

68. *El Ebro*, n.º 12, 20.07.1919, portada y p. 2.

69. *Solidaridad Obrera*, Barcelona, 3.06.1937, p. 3.

70. En el habla local de Bujaraloz, y de nuestro Candasnos natal, "librer" es diminutivo de libro, como "chiquer" y "chiquetes" lo son de chico.

casa tantos sacos llenos de libros, le faltó tiempo para contar por el pueblo que su tío Juan y otro hombre, habían traído de Barcelona muchas fanegas de libros, para repartir entre los hombres y los "chiquetes".

Hay que hacer constar que, sin el asentimiento y la benevolencia de Durruti, nos habría sido imposible, a Balagué y a mí, realizar nuestros propósitos. Fue aquel malogrado compañero, quien puso a nuestra disposición un auto, guiado por el chófer Jaime Botan. Recordaré siempre el corto diálogo que sostuve con el liberador de Los Monegros, al formularle mis propósitos:

—¿Qué te trae por aquí, Juanonus?

—Pues venía a ver si me facilitas un coche para traer libros al frente.

—¿Y no podrías traer, también, unas cuantas bombas y fusiles?

—¡Hombre, si hay quien me facilite eso, también te lo traigo! Pero me parece que no va a poder ser, porque yo conozco a muchos libreros que atenderán buenamente mi petición de libros; y, en cambio, no tengo ninguna influencia con los compañeros que se dedican a la fabricación del material de guerra.

—Bien, hombre, bien. Ahí tienes a Carreño, que te firmará la autorización que pides, y te arreglará los pasaportes.

Y no se habló más. Carreño nos despachó los papeles, y a los pocos días, Balagué y yo, ya que no portadores de bombas y fusiles, éramos portadores de centenares de libros, que repartimos buenamente por Bujaraloz, La Almolda, Caspe, Pina de Ebro, Osera y por todas las guardias, retenes, avanzadas y avanzadillas que nos salían al paso. Por cierto que, al llegar al cuartel general con nuestras... "bombas" culturales, Durruti, que en aquel momento miraba con unos prismáticos qué clase de pájaros eran unos que volaban muy alto, sobre el campamento, dijo, jovialmente, después de cerciorarse de que los pájaros que volaban eran "rojos":

—¡Ya se han acabado los fascistas! ¡Juanonus y su amigo Balagué nos han traído libros!...

No es que Durruti fuera enemigo de la Cultura, como pudieran creer los maliciosos. Pero en aquellos momentos, de gran responsabilidad y de mayor entusiasmo para él, habría preferido mejor tres docenas de fusiles, que un centenar de libros. Pero no voy yo a tratar ahora de cómo andaba entonces de armamentos el sector de Bujaraloz, y aun otros sectores de Aragón. ¡Allá los estrategas efectivos y los estrategas de café!

Si hoy recuerdo este pequeño episodio, es para insistir, una vez más, en la demanda de libros para el frente. No pasa día sin que en uno u otro periódico, no salga la casi ya vieja y, naturalmente que por vieja, sobada nota, pidiendo libros para los que están en las trincheras. Sabemos que hay quien responde a esas excitaciones cotidianas y que, por lo tanto, no deben faltar libros en algunos frentes. Sabemos que en Osera, por ejemplo, tienen una buena biblioteca los milicianos. Sabemos por algunos corresponsales de guerra, que en algunos sectores se dispara cuando conviene disparar contra el enemigo, y se lee tranquilamente en los momentos de reposo. Pero sabemos también, porque nos lo han contado porque lo hemos visto, que en algunos pueblos del frente son muchos los milicianos aficionados a leer que han de conformarse con la literatura de SOLIDARIDAD OBRERA y de algún otro periódico que les llega a las manos por casualidad o por iniciativa de sus familiares o compañeros.

Creemos que no sería pedir demasiado, que en los pueblos en donde haya facilidades, se establecieran bibliotecas públicas que, al mismo tiempo que sirvieran para los vecinos de los pueblos respectivos, serían también de gran utilidad para los milicianos, que con sus aficiones a la lectura han de pasearse junto a las balsas, han de exhibir su aburrimiento por las calles o han de dormitar a la sombra de las casas de la plaza, como yo les he visto en Bujaraloz.

En estos días que Barcelona celebra la Feria del Libro, no estaría de más que alguien, sea quien quiera, acogiera mi modesta iniciativa. Me parece que no es mucho pedir que haya bibliotecas públicas, por modestas que sean, en algunos pueblos del frente. Si Durruti, caudillo popular, nada más que satirizar mi manera de ser, me pedía bombas y fusiles sabiendo que no se las podía proporcionar, yo, que individualmente no puedo establecer esas bibliotecas, pido desde aquí, a quienes puedan hacerlo, que hagan cuanto puedan por colaborar en lo que dejo expuesto.

Yo no pido ametralladoras ni aviones. ¡No pido más que libros! Y la adquisición de un libro para el frente está al alcance de todo el mundo.

Con lo que cuesta alguno de esos aparatos bélicos en boga, habría para abrir bibliotecas en muchos de los pueblos del frente. Permitid, pues, que sintiéndome presidente de una asamblea popular, diga con acento más confiado que autoritario:

—¿Quién pide la palabra, compañeros?

Joanonus
Bujaraloz.

Su amigo Capdevila se enteró de que *Juanonus* andaba por Bujaraloz y corrió en pos de él, tras obtener permiso o salvoconducto firmado personalmente nada menos que por Ascaso —uno de los revolucionarios más auténticos, dice— sin escatimar elogios hacia su figura y la de su hermano Francisco.

No tuvo suerte Capdevila, pues *Juanonus* ya debía haber regresado a Barcelona, o se encontraba en alguno de los pueblos a los que llevó esos sacos de libros. Después de sudar mucho y tragar mucho polvo, Capdevila llegó a Bujaraloz, donde además hubo de sufrir a las *"terribles moscas de filiación fascista"*, ansiosas de carne forastera. El periodista del monóculo encontrará allí, en cambio, a muchos conocidos y gente variopinta, para quienes la capital de los Monegros y la Columna Durruti eran como un imán en ese septiembre de 1936. El "cuadro" de Bujaraloz que nos pinta, realista, como el de Usón:

> *Bujaraloz es un pueblo de color de tierra en esta inmensa sábana de tierra que son los Monegros. No hay árboles, no hay río, no hay fuentes. Tan solo, de tanto en tanto, una balsa de agua de lluvia.*[71]

Y se explaya, como hará más adelante en otra de sus "crónicas", en los tópicos sintetizados por la copla que le canta alguna bujaralocina:

> *Ya se van los segadores*
> *a segar por el secano,*
> *y a beber agua de lluvia*
> *toda llena de gusanos.*

El periodista se despide soñando, diciendo, como dijeran tantos viajeros de nuestros pueblos-camino monegrinos, que aquellos eriales, bien cultivados (y bien regados) podrían ser enorme fuente de riqueza. Aún volvería Capdevila a Bujaraloz en la primavera del 37, poco antes de empezar los "tres meses de infierno", tras pasar los nueve de invierno, que dice el adagio aragonés. Al ver la placa dedicada a Durruti, en la casa donde radicó la Columna, volvió a evocar

71. Lluís Capdevila, *op. cit.*, p. 158, crónica del 10 de octubre de 1936. En otra crónica, pp. 335-336, originalmente publicada el 4 de noviembre de ese año, nos dice que, en Monegros, a veces se cambia un litro de agua por uno de aceite.

la figura de Juan Usón, tan agradecido y representativo del espíritu revolucionario y de búsqueda del "hombre nuevo", como su pueblo.

Tan vehemente, como *Juanonus* o Capdevila, o más, resultó ser Balagué, cuando por fin visitó Bujaraloz y los Monegros. En un artículo exaltado y tan libérrimo como la musa poética de Usón, dejó escritos párrafos como este:

> *Bujaraloz: cuando ya no queden hienas fascistas, cuando celebremos la victoria, tú tendrás un sitio preferente entre los pueblos libres de Aragón y de toda España; tú podrás tener el orgullo de haber sido de los primeros de haber dado el pecho al enemigo común, de haber dado tus hijos unas leyes redentoras y una nueva contextura en consonancia con los tiempos y con la más estricta justicia social. Bujaraloz: pueblo pardo en la llanura parda... Luz en el camino.*[72]

72. Juan Balagué, "Por tierras del Aragón libre. Milicianos de la cultura", *Tierra y Libertad*, n.º 37, 1.10.1936, p. 3.

12. Bombas de tinta y sacos de libros. La revolución del viejo poeta

"La tradición catalana de poetas anarquistas es pobre", nos dice Jordi Arquer.[73] Sin embargo, durante la Guerra ivil, la mitad de la producción poética bélica es obra de anarquistas. Es ahí donde descuella el *Juanonus* poeta.

Según Rodríguez Puértolas, "*Juanonus* es el poeta más auténticamente popular, el verdadero juglar de la Guerra Civil".[74] Para Santonja, un "vate del arroyo, poeta de la calle con alma ingenua y verso ronco, *León Felipe* con callo en las coplas, vate del romancero por la facción popular, rimador sin pretensiones, con acritud enfrentado a los escritores «profesionales»":

---

73. Jordi Arquer, "Un poeta ácrata", *Ressorgiment*, n.º 617, diciembre, 1967, pp. 9890-9891. En su artículo, Arquer solamente recuerda a *Juanonus* como autor que desmienta su afirmación y él mismo solo recuerda el seudónimo, pero no el nombre del bujaralozano, a pesar de que —curiosidad— el ejemplar del *Romancero* que se conserva en la "Casa de l'Ardiaca", la sede del archivo y biblioteca municipales de Barcelona, está dedicado por Usón, de su puño y letra *"Per a Jordi Arquer, afectuosament"*.

74. Julio Rodríguez Puértolas, "El recurso de las armas y las letras", *IV Jornadas sobre la cultura de la República. La República en Guerra*, pp. 409-424.

Yo no hago negocio alguno
con los romances que llevo
porque no soy escritor
de esos que escriben a sueldo.
Y pensad que si no cobro
por escribir malos versos,
tampoco los cobraría
aunque los hiciera buenos.

Quizá su crítico lector más crítico —permítasenos la redundancia—, uno de los primeros en acordarse de él modernamente, dice que *"Juanonus, el viejo poeta, cantor anarquista, ensayaba romances, y urdía deplorables jotas* [...] *cuando los autores cultos se batían en retirada de un romancero que nunca alcanzó la deliberada y tosca esperpentización de sus coplas.* [...] *Sencillamente Juanonus, el viejo poeta, cantor anarquista, pastoreaba sus versos, literariamente descarriados, por donde cuadrase en gana a su libérrima musa".*[75]

El Romancero general anarquista es, para este autor, un altavoz airado contra las ortodoxias, es decir, añadimos nosotros, un dar rienda suelta al verdadero espíritu de libertad anarquista que *Juanonus*, en este caso, llevaba conteniendo —aunque poco, según llevamos dicho— durante casi setenta años.

75. Gonzalo Santonja, *Los signos de la noche...*, Madrid, Castalia, 2003, pp. 67-69.

Más claro es, a nuestro parecer, Capdevila, que le conocía bien. Cuando recibió, en Alcañiz, el libro de *Juanonus*, y escribió la crónica de guerra que nos sirve de fuente primordial al respecto, dijo:[76]

> *Entrada ya la noche, he releído los versos de Joan Usón. Son versos que no recuerdan en absoluto a los de Paul Valery, y ésta es una de sus grandes ventajas. Está muy bien que exista un Paul Valery original. Lo que ya no está tan bien, lo que no está nada bien, es que haya incontables Pauls Valery de segunda o de tercera, o de cuarta mano, que, porque está de moda, se dediquen a imitar al poeta profundo de* "Eupalinos ou l'ame de la danse".
>
> *Si hubiésemos de buscar un parentesco a los versos de Joan Usón en este pequeño volumen dedicado a cantar las gestas de la Revolución, lo habríamos de buscar en la literatura llamada de cordel, tan popular a mediados del siglo pasado. O sea, el romance popular, ingenuo y simple, escuchado a través del panfleto.*
>
> *Tanto uno como otro, el romance y el panfleto, han nacido de la calle, de la entraña de la calle. Por eso, estos versos de Usón tienen un lenguaje graciosamente desatado. Por eso, encontramos en ellos el grito, el reniego y el dicterio.*
>
> *La Revolución no ha encontrado su eco en la novela, ni en el teatro —el teatro sigue siendo una cosa de vil comercio, abyectamente burguesa, y en las car-*

76. Traducción del autor, a partir de la "Crònica" citada. *Vid* nota ...

teleras siguen figurando los nombres de autores fascistas— pero sí lo ha encontrado en la poesía: Alberti, Altolaguirre, Gil-Albert, Prados, Serrano Plaja. Los poetas catalanes, en cambio, se han quedado mudos. Habrá que confiar en que Joan Oliver —uno de los más personales en el teatro, en el cuento y en el verso— sabrá ofrecernos bien pronto unos poemas de la Revolución.

Hoy por hoy, y situándolo en el lugar que le corresponde, que es un lugar muy honorable, agradecemos estos versos de Joan Usón, que dice sin rodeos —clar i català, incluso cuando utiliza el castellano— las cosas más fuertes y que cada palo aguante su vela.

Éste es otro de los méritos, y no el menos importante, del libro: la sinceridad. Es un libro cruelmente sincero, terriblemente sincero. El autor no se deja coaccionar bajo ningún pretexto y pone de manifiesto su independencia de criterio a lo largo de las páginas de su libro, que alaba las heroicidades del frente y denosta las "simplezas" —admítase el eufemismo— de la retaguardia.

Visionario, pues escribe en 1933, era Juan Rovira, que habla así de Usón y su manera de escribir, nótese, antes de escribir y publicar el *Romancero* al que ahora nos referimos:

[…] *yo tengo un amigo que se llama Usón, que ya no canta y le gustan mucho las rayas cortas, él me hizo coger afición a la poesía intencionada y social, primero con lo que él escribía, luego con lo que enseñaba. Así las cosas, he devenido un gustador de poesía social, la cual recoge el dolor y lo proyecta al espacio, para que los hombres de corazón, si alguna vez están distraídos, retornen a su labor de creación social para que el dolor del mundo se amortigüe y las lágrimas se tornen en sonrisas y carcajadas que demuestren la alegría de vivir.*[77]

Del *Romancero* se editaron, según Palau, tres mil ejemplares, vendidos a peseta, y ochenta, en papel fuerte (de lujo, hubiera dicho Usón), a dos pesetas. Conocemos ejemplares en el Archivo Histórico de Barcelona, en nuestro poder, en manos de José Luis Melero, el gran bibliófilo de Aragón, que le costó y no poco hacerse con el suyo... y en la biblioteca del Instituto de Estudios Altoaragoneses. Bujaraloz debería hacerse con uno de ellos.

Para el 20 de febrero de 1937, se anunció su lectura pública en la sede de la Agrupación Anarquista "Los de ayer y los de hoy"[78] y *La Vanguardia* "cacareaba" su salida al mercado el 10 de marzo de dicho año, anunciándose con profusión para la Feria del Libro de junio del "gran" año de la guerra en la Barcelona de retaguardia, justo tras los sucesos de mayo, donde *Juanonus* firmaba y dedicaba ejemplares —como se

77. Juan Rovira, "Los versos de Celestino Ventura", *Acción cooperatista...*, n.º 552, 1.02.1933, p. 3.

78. *El Diluvio*, 19.02.1938, p. 5.

hace hoy por *Sant Jordi*— en el puesto que la Librería Central de Balagué tenía en plaza Cataluña.

El libro, como su autor, es "hijo" de Bujaraloz. Se gestó pensando en él y se "alumbró", o casi, allí también. Además del poema "A los valientes del frente-¡Bujaralozanos!" que ya hemos comentado, cabe decir que "Los milicianos" se publicó en *Tierra y Libertad*, estando *Juanonus* en Bujaraloz. El dedicado a García Lorca era la contraportada del mismo medio el 1 de octubre del 36, publicado con una nota de la redacción, muy significativa: *"Aun cuando nos proponíamos no publicar versos, exceptuamos éstos a ruego de un grupo de milicianos del frente"*. El romance dedicado a Durruti se publicó, además, en la revista *Umbral*,[79] conmemorativa del aniversario de la muerte del gran líder anarquista.

Particularmente, siendo como somos profesor de Literatura Catalana, y habiendo ejercido enseñando en clase las grandes producciones de los tiempos de *Juanonus*, nos han llegado al alma unos versos de Usón, regeneracionistas y maragalianos, a los que no creemos que nadie sea capaz de quitarles un ápice de lirismo ni calidad literaria. Se trata de una versión del *"Sol, solet"* cuya estrofa final canta así:[80]

---

79. *Umbral*, 20.11.1937, p. 18, junto a poemas de Antonio Agraz, Lucía Sánchez Saornil, Félix Paredes y Ramón Perelló.

80. "Solet, solet...", *L'Esquella de la Torratxa*, 24.04.1931, p. 266. El sol revitalizante da calor y libertad, fe, alegría y esperanza, necesarios todos ellos para la vida física y espiritual del ser humano.

Sol, solet,
ara som lliures,
ara som lliures;
sol, solet,
ja hem acabat de patir fred.

Página 4. – Jueves 3 de junio de 1937 LA VANGUARDIA

Hoy, primera jornada de la Feria del Libro

Reflejo del día

SE PIDE UNA BIBLIOTECA...

FERIA DEL LIBRO

Lista de varias obras de diversos e interesantísimos temas que, a precios de verdadera ocasión, pone en venta, durante la FERIA DEL LIBRO, la LIBRERIA CENTRAL, Muntaner, número 42:

FERIA DE LIBRO

Biblia
Antiguo y Nuevo Testamento

Es el libro base de nuestra cultura. ¶ Abunda en biografías de hombres y mujeres notables. ¶ Nos dice la verdad amarga, pero saludable. ¶ Nos consuela y nos orienta en la vida diaria. ¶ Encierra la vida admirable y muerte redentora de Jesús. ¶ Encamina nuestro espíritu a Dios.

Precio: 7 pesetas

3 4 y 5 DE JUNIO

FIRA DEL LLIBRE

No deixeu de comprar amb el 10 % de DESCOMPTE:

LLIBRERIA CATALONIA

DIADA DEL LLIBRE

IRLANDA I CATALUNYA (Paral·lelisme polític-econòmic). 1932.
LA CRISI MUNDIAL I LES SEVES REPERCUSIONS A ESPANYA. 1933.
ASSAIG D'ECONOMIA POLITICA. Volum I (segona edició). 1937.
ASSAIG D'ECONOMIA POLITICA. Volum II. 1933.
ASSAIG D'ECONOMIA POLITICA. Volum III. 1934.
ELS FACTORS ECONOMICS DE LA REVOLUCIO (maig, 1937).

COMPRE HOY

"Romancero Popular de la Revolución"

La Feria del Libro de 1937,
anunciada en *La Vanguardia* a toda página.

13. Vejez y últimos tiempos en el hogar de los Balagué

Ya hemos visto lo combativo que fue *Juanonus* en su mocedad y madurez. La vejez, y el edatismo, ese "ismo" con que se etiqueta modernamente la discriminación social por razón de la edad fue, como sempiternamente el capitalismo y los burgueses, objeto de lucha y combate por parte de Usón. Con la palabra y la pluma, pero también, como toda su vida, con la acción, con su pequeño o no tan pequeño grano de arena.

El viejo librero que, según su correligionario *Fontaura*, era "anarquista de la vieja guardia" y que paseaba, en 1932, el peso de sus años por entre la multitud de volúmenes de una librería —una imagen literaria muy barcelonesa que ha sabido transmitir magníficamente Ruiz Zafón en *La sombra del viento*— expresaba, a lo claro, su pensar, acerca de la vejez y la "jubilación":

> *Iremos a tomar el sol, cuando el puntapié capitalista nos arroje de fábricas y talleres como cachivaches inservibles, pero no queremos que, vencidos y todo, haya en nuestra actitud y en nuestras palabras esa resignación de la vejez actual. Tomaremos el sol, pero sin que la juventud que nos rodee sienta ante nosotros el desprecio, y mejor que la limosna de los*

filisteos, aceptaremos el saludo del paseante que diga al pasar por nuestro lado: ¡Salud a los antiguos luchadores![81]

Según Ferran Aisa, de apellido que delata su paisanaje aragonés, estudioso como pocos del anarquismo barcelonés, *Juanonus* tuvo parte muy destacada en la creación del primer asilo obrero, de carácter asistencial y social, pero huyendo de los modelos de caridad y beneficencia tradicionales, en manos casi siempre del clero y monjas de turno. Los comités revolucionarios de la Barcelona del 36, dice Aisa, se ocuparon u ocuparon diversos centros asistenciales de la capital catalana, por ejemplo, la Maternidad —donde colaboró y mucho Áurea Cuadrado, hija de Ontiñena—, la Nueva Escuela Unificada o un hospital de sangre en Las Corts... En la Bonanova, los comités proporcionaron una torre con jardín a la agrupación confederal anarquista "Los de Ayer y los de Hoy" formada por viejos militantes de la CNT. Allí se empleó, al parecer como uno de los principales promotores, *Juanonus*.[82] La residencia llevó el nombre de Anselmo Lorenzo, el "abuelo" del anarquismo ibérico, con quien *Juanonus* había colaborado en la primera década del siglo. El centro no descuidaba, bien al contrario, la dimen-

81. Fontaura, "La vieja guardia", *Tierra y Libertad*, 12.08.1932.

82. Ferran Aisa, "Sanitat Autogestionada: L'obra social, de la infancia a la vellesa", *Catalunya CGT*, n.º 145, diciembre 2012, p. 29.

sión cultural de la vida en esa etapa. Por eso contaba con biblioteca, elenco teatral y sala de conferencias, lo que avala y corrobora que se notase allí la mano de Juan Usón. Pero él, *Juanonus*, buscó el afecto del hogar en el de los Balagué, que eran más que amigos.

A Anna Balagué Moreno le hemos comprado unos cuantos libros de viejo y otros materiales. Digna sucesora de su familia de libreros y del librero Usón, acogido por ellos, en su día nos puso en contacto con su padre, Josep Balagué, hijo también de librero —de Josep Balagué Pallarés, con librería en la libresca calle de la Paja— y sobrino del librero y editor Joan o Juan Balagué Pallarés, el compañero de fatigas de *Juanonus*, que tuvo sede y domicilio profesional en Muntaner, 40 o 42 (Librería la Central de entonces). Nos dice Anna, además, que su tía-abuela, Dolors Aixà Gallissà, la esposa de Joan Balagué Pallarès, era la dueña de la librería Lux, de Aribau, 26, y la primera librera mujer de España.

Nuestro informante, el señor Balagué Tarrés, recordaba perfectamente la bonhomía de Usón, consonante con todas las descripciones y referencias recabadas en este estudio. En especial, le recordaba de excursiones infantiles en las que Usón desplegaba su tono jovial y bienhumorado con los "chiquetes", fueran de Bujaraloz o de Barcelona. Más profunda era su reflexión y percepción acerca de cómo *Juanonus* vivió el estallido del 19 de julio de 1936. Abiertamente, desaprobaba excesos y fusilamientos que debían recordarle el

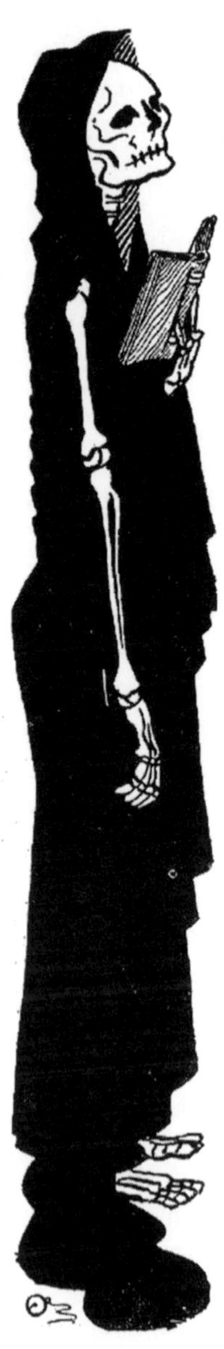

pistolerismo y los tiempos del proceso de Montjuic. Algún escrito, cargado de franqueza aragonesa en dicho sentido, parece que le valió amenazas, nada veladas tampoco, de darle un "paseo", el eufemismo español más cainita, por la Arrabasada, la carretera que sube al Tibidabo, donde los "incontrolados" dejaban expuestos cada día los cadáveres de muchos de los asesinados, en aquello días aciagos de retaguardia roja de sangre derramada por los cobardes y emboscados de turno.

Ya cuando fueron a Bujaraloz en el 36, *Juanonus* vivía en casa de Balagué *"como de familia"*. Al acabar la guerra, *Juanonus* quedó para el "exilio interior" en la casa de los Balagué, a pan y cuchillo, pues gastaba buen apetito. A las puertas de la muerte pidió como un gran ruego que la esposa del librero amigo, Dolors Aixà, que tenía gran predicamento sobre Usón, le atendiese en exclusiva, en lugar de la persona que le atendía en su última enfermedad. O sea, que el "libro" y la "librera" le acompañaron en su lecho de muerte hasta que exhaló su último aliento.

En la casa de estos Balagué, de Juan Balagué Pallarés, en Consejo de Ciento, n.º 257, 1.º 1.ª, moría, en la tarde del

3 de marzo de 1945, Juan Usón Calvete, *Juanonus* para la posteridad. De ser cierta nuestra suposición, de que la fecha de su muerte era la de su cumpleaños, murió con los 76 años justos. El caliqueño, al que parece que era tan aficionado debió pasarle factura, pues, a la postre, además de las amarguras de la vida, que él supo llevar con estoicismo, con anarquismo o con el "ismo" que queramos, un edema pulmonar fue la causa oficial de su fallecimiento. Como tantos barceloneses, fue a parar al cementerio de Montjuic. Otra ironía del destino. Cuarenta años después de haber salido de los lóbregos calabozos del "castillo maldito", tocado físicamente, pero poco para las torturas que allí debió recibir, el tabaco, uno de los pocos vicios, si no el único que tenía nuestro personaje, le llevó a las faldas de la montaña barcelonesa por excelencia, donde los muertos gozan de muy buenas vistas.

Ha habido, hasta ahora, algún punto de confusión y contradicción en las informaciones relativas a su muerte. Por una parte, el feo vicio de "republicar" lo que otros han dicho, hace que, hoy por hoy, todavía se dé como fecha de defunción una vaguedad, o fechas erróneas.[83]

83. Por ejemplo, Dalmau, que es uno de los autores más solventes en cuanto al conocimiento de Usón, dejó escritas las fechas 1871 y 1949 como de su nacimiento y defunción, respectivamente. *Vid.* Antoni Dalmau Ribalta, *El anarquismo en Barcelona en el umbral del siglo XX*, Barcelona, Base Editorial, 2022.

Mas "tocando la partitura", como nosotros hemos tocado desde hace años, y no "de oído", ocurre que la ficha del Archivo Administrativo Municipal de Barcelona nos da dos fechas de asiento de la defunción (el 16 de febrero y el 3 de marzo, ambas de 1945). La partida, sin embargo, despeja todas las dudas. Una de ellas es también la del estado civil pues, aunque la ficha le daba por casado, como el matrimonio con Paula N. no fue oficial, la partida "reza" que murió soltero.

Según el testimonio citado del señor Balagué, Usón fue fiel "compañero" de Paula, que murió en un asilo de beneficencia. Llegados a este punto no queremos dejar en el tintero la idea o la sospecha que albergamos acerca de la posibilidad de que esta Paula, la compañera, la mujer, de *Juanonus*, fuese la prostituta maltratada y asesinada por su chulo y proxeneta cuya historia nos relata en verso, en lo que es un episodio de violencia contra la mujer en toda regla, igual o casi a los que nos cuentan las televisiones día par de otro casi cien años después.[84] Habida cuenta de cómo pensaba y cómo era *Juanonus*, un idealista consecuente entre ideas y obras, y viceversa, y un verdadero trozo de pan, no nos sorprendería lo más mínimo. Con esta compañera tuvieron un hijo, que murió en fecha y con edad indeterminada, lo que sin duda influiría, y no poco, en el carácter de Usón.

---

84. *Vid.* "El crim del día", *L'Esquella de la Torratxa*, 5.06.1931, p. 371.

La valiosa biblioteca y los numerosos manuscritos que Plaja suponía en su poder no debían ser mucho más que ejemplares de sus ediciones, pues no creemos que *Juanonus* fuera hombre de acumular cosas materiales, ni la guerra y el estar en casa "ajena" debieron facilitar tal recopilación y su conservación. Su herencia era, desde luego, espiritual y para la memoria, esa que esperamos le trate mejor, a partir de la lectura de estas páginas, que cerramos y firmamos pensando ya, y anhelando, en ir a contar todo esto a Bujaraloz, su pueblo, con la misma ilusión con la que él regresó allí en 1936.

Símbolo de la Editorial LVX de Balagué, por *Niel*.

14. El dibujante e ilustrador *Niel*

Daniel Masgoumiery, Daniel, Niel y D. M. son las "firmas" artísticas que conocemos de quien se llamó Daniel Masgoumiery Pena (Barcelona, 1879-1942).

Dibujante y caricaturista prolífico, además de ilustrar toda la obra impresa de Juan Usón, ilustró *El cant en la llunyania*, de Joan Malagarriga (1931), *Impromptus*, de Prudenci Bertrana (1936) y otras obras. En 1932 presentó, en Barcelona, la exposición *"Caricatures dels concurrents"*. Seguramente se conocían con Usón, al menos desde los tiempos de *La Tramontana* donde colaboraban ya los hermanos Masgoumiery. Daniel era también especialista en escenografía y decorados, por ejemplo, para la representación de *Mar i cel*, de Guimerà, en 1917.

Picasso, con cuya amistad disfrutaba, le plasmó para la posteridad en *"Masgoumeri, meditatiu. Portrait de jeune homme"* (1900) cuadro que al parecer se encuentra en la colección de Alicia Koplowitz.

Su hermano Josep (Barcelona, 1880-1940), trabajador del metal, escritor y propagandista ácrata, era también amigo y colaborador estrecho de Usón. Junto con Cortiella y Usón son los paladines del uso del catalán en el mundo anarquista. Por eso, fue el autor de la versión catalana del himno "Hijos del pueblo".

FUENTES Y BIBLIOGRAFÍA

Archivos, instituciones y personas consultadas:

- Archivo Administrativo de Barcelona.
- Archivo General Militar de Tropa. Guadalajara.
- Archivo Histórico de la Ciudad de Barcelona. *Casa de l'Ardiaca*. Barcelona.
- Archivo (Nacional) de Cataluña. Sant Cugat del Vallés. Fondos de la Prisión Modelo de Barcelona.
- Biblioteca de Catalunya. Barcelona.
- Biblioteca Nacional de España. Madrid.
- Biblioteca Pública Arús. Barcelona.
- Centro Aragonés de Barcelona.
- CRAI Biblioteca Pabellón de la República. Barcelona.
- Fundación "Anselmo Lorenzo" FAL. Madrid.
- Registro Civil de Barcelona.
- Registro Civil de Bujaraloz.
- Testimonio del señor Joan Balagué Tarrés, de Barcelona, 2006.
- Testimonio de la señora Pili Calvete, de Bujaraloz. 2010.
- Testimonio del señor José Manuel Arcal Royo, de Bujaraloz, 2024.
- Testimonio del señor Jesús Aguilar Samper, descendiente colateral de Juan Usón, desde Bujaraloz. 2024.

Bibliografía

- Jaume Ayats, "Els segadors: de cançó eròtica a himne nacional", *L'Avenç,* 2011.
- Francesc Cortès, "Contra un passat odiable / lluitem ardidament. Cançons i himnes durant la guerra civil", *Caramella, Música i Cultura popular,* pp. 8-11.
- Antoni Dalmau Ribalta, *El anarquismo en Barcelona en el umbral del siglo XX,* Barcelona, Base Editorial, 2022.
- Alejandro R. Díez Torre, *Orígenes del cambio regional. Un turno del pueblo, Confederados. Aragón 1900-1936* y *Solidarios. Aragón 1936-1938,* vols. I-II, Madrid-Zaragoza, UNED & Universidad de Zaragoza, 2003.
- Antonia Fontanillas Borrás, "Tierra y Libertad y Solidaridad Obrera en mis recuerdos", *Solidaridad Obrera,* n.º 334, monográfico, octubre 2007.
- Plàcid García-Planas, "Una guerra con perfil de toro", *La Vanguardia,* 8.12.2006, p. 10.
- José Luis Melero Rivas, *Leer para contarlo. Memorias de un bibliófilo aragonés,* Zaragoza, Biblioteca Aragonesa, 2003, pp. 119-120.
- José Luis Melero Rivas, "El librero Juan Usón", *La vida de los libros,* Zaragoza, Xordica, 2009, pp. 28-29.
- Federica Montseny, *Qué es el anarquismo,* Barcelona, La Gaya Ciencia, 1976.

- Antonio Palau y Dulcet, *Memorias de un librero catalán 1867-1935*, Barcelona, Librería Catalonia, 1935, pp. 227-229.
- Jaume Passarell, *Llibre de llibreters de vell i de bibliòfils barcelonins, d'abans i d'ara*, Barcelona, Millà, 1949.
- Serge Salaün, *La poesía de la guerra de España*, Madrid, Castalia, 1985.
- Gonzalo Santonja, *Los signos de la noche. De la guerra al exilio. Historia peregrina del libro republicano entre España y México*, Madrid, Castalia, 2003.
- Ignacio Clemente Soriano Jiménez, *Hermoso Plaja Saló y Carmen Paredes Sans, el anarquismo silencioso, 1889-1982*, tesis doctoral, Salamanca, Universidad de Salamanca, 2002.
- Ignacio Clemente Soriano Jiménez, "Usón, Juan. Juanonus", en *Real Academia de la Historia, Diccionario Biográfico electrónico.*

  <https://dbe.rah.es/biografias/66602/juan-uson>

Grabado de Bujaraloz en el siglo XVII.

Burjalajos

El camino de Zaragoza, a la izquierda la ermita de la Virgen del Patrocinio, año 1925.

Cortiella, guía literario de Usón.

En una buena Biblioteca cabe todo.

Juanonus "monje-copista" y escritor del siglo XX.

¶ GOIGS DEDICATS

AL GLORIÓS SANT GERONI

PER UN ESCAMOT DE LLIBRETERS
QUE SERAN CANTATS PEL MATEIX ESCAMOT
QUAN ARRIBI L'HORA DE CANTAR-LOS

Venerable Sant Geroni:
No facis el desentès,
i escolta els goigs que't dedica
el Gremi de Llibreters.

Tu, que passares la vida
entremig de manuscrits,
sense que mai te'ls pulissis
per comprar pa pels petits.
Tu, que essent un pou de ciència,
no pensares ni un sol cop
que és possible fer-ne *pasta*
dels llibres d'un filosop.
Segur que dalt de la Glòria,
on tractes de tu a Jesús,
piores llàgrimes de pega
i se't fa a la gola un nus.
Ja veus que ara, això dels llibres,
és un comerç indecent,
i com si fossin tomàtecs
tothom els compra i els ven.
Del qui passa els ulls pels llibres
diuen que n'hi falta un bull,
perquè la gent més s'estima
passar-se els llibres per l'ull.
Si del que passa a la terra
n'heus esment i et sents ofès,
venerable Sant Geroni
no facis el desentès.

Tu, que amb tota la paciència
la Bíblia vas traduir
de l'hebreu o del gitano
sense cobrar ni un llobí.
Guaita ara com cada dia
es fan males traduccions,
i els traductors s'embutxaquen
tots tranquils els patacons.
Ara, els traductors heretges,
es fumen de tots els sants
que per traduir la Bíblia
feien sacrificis grans.
Tots diuen que saben llengües,
i el qui més sap el francès,
estudiat a les escales
de la volta d'en Cirés.
Els editors, altra plaga
que'ns han dut els temps aquests,
engeguen llibres i llibres
tal com els ases els pets.
Tu que tens poders, Geroni,
fum tot això de revés
i escolta els Goigs que't dedica
el Gremi de Llibreters.

Bona l'hem feta, Geroni!
Avui ja fins els més llecs
vènen per set o vuit peles
tota la història dels grecs.

El pergamí ja no s'usa
només que per fer timbals,
i el lema dels escribaires
és rals, rals i sempre rals.

Els paperots pornogràfics
són la lectura dels grans,
i adorats com a relíquies
per una colla d'infants.

Fins Roma, la Ciutat Santa,
és també un cau de maldat,
i fa llibres amb donotes
que ensenyen tot el pecat.

Els llibres només serveixen
per a corrompre els humans
i fer savis o... viciosos
en lloc de fer bons cristians.

Davant dels mals que la impremta
ens fum de tort i través,
venerable Sant Geroni
no facis el desentès.

Ja no és possible, Geroni,
que siguem dignes i honrats,
car tots venem *sicalipsis*
i comprem llibres pispats.

Qui compra d'altra manera
pot assegurar que hi perd,
com tampoc treu faves d'olla
el qui no es dedica al *verd.*

I és completament inútil
que esmenar-nos intentem,
car si deixem el negoci
quasi tots la dinyarem.

Ja que tens tanta influència
en el barri celestial,
recomana als qui l'habiten
que ens lliurin de pendre mal.

I tu mateix fes la gràcia
d'allunyar nostre mal fat,
a canvi de les bestieses
que ara a tos peus hem cantat.

Venerable Sant Geroni,
no facis cas de res més
i escolta els Goigs que't dedica
el Gremi de Llibreters.

V/ A Deo oranti. R/ Et cum la staca danti. AMEN

Gozos que acompañaban a cada ejemplar de los *Dos-cents aforismes*.

Cubierta del libro de Usón sobre el libro y la lectura.

ROMANSO
DE LA FESTA DEL LLIBRE

Oh, pares que teniu fills
i no els ensenyeu de lletra,
ni els feu anar molt ni poc
allà on ne puguin apendre!
Mares que pariu cada any
i us quedeu tan satisfetes,
sense pensar que els infants
que hi aboqueu a la terra,
amb el temps formaran part
de la tropa analfabeta!
Tots els qui tracteu de boig
a qui llegeix amb fal·lera,
i quasi amb un xic d'orgull
dieu que us fa nosa el negre!

Els qui sabent de llegir
no heu vist mai cap biblioteca,
i esteu des de fa molt temps
renyits amb la lletra impresa!
I aquells que us alimenteu
amb literatura verda,
perquè té color d'alfals
i olor de garrofes seques!
Sapigueu que fa tres anys
s'ha instituït una festa
que consisteix en posar
els llibres de tota mena,
a l'abast dels més pobrets
de *pasta* i d'intel·ligència.

Romance de Usón con motivo de la Fiesta del Libro de 1929.

Durruti y *Juanonus* "reconquistaron" Bujaraloz cada cual a su manera.

Tierra y Libertad

órgano de la F.A.I.

Año VII - Núm. 34 — Barcelona 10 septiembre de 1936 — Franqueo concertado - Precio: 15 céntimos

UNA INICIATIVA

En plena guerra los otros heroes, los del trabajo, exponen su opinión

Desde mi punto de vista, el paro forzoso se puede dividir en tres grupos, teniendo en cuenta el conjunto global y la importancia del número que lo compone. Estos grupos, por orden de urgencia, podrían ser de la siguiente forma:

Grupo primero, o sea el que menos apremia a resolver su situación. Este grupo podrían componerlo aquellos obreros que por pertenecer a familias numerosas, en que sus padres o hermanos trabajan y pueden sostener, por tanto, más fácilmente la situación, esperando una solución de más detenido estudio dentro de un proceso de urgencia natural y lógico.

Grupo segundo, o sea aquel que, presentando más urgencia que el anterior, pueda aún sostenerse en una espera prudencial y relativa.

Este grupo podría estar integrado por los obreros suplentes de cada Sindicato o sección, en la cantidad prudencial y necesaria para cubrir las bajas que por enfermedad, fiesta semanal u otros motivos precise la sección. (Sabido es que muchas secciones de trabajo no pueden prescindir de estos suplentes, como, por ejemplo, camareros, lavadores de autos, cines y teatros, etc.)

También podrían engrosar este grupo aquellos obreros en paro forzoso que por su situación especial puedan esperar o sostenerse. (Ejemplo: los maridos de las porteras o sus hijos, en los casos en que la portería esté servida por una mujer.)

Grupo tercero, o sea el de aquellos que, no teniendo apoyo de ninguna clase y siendo su situación insostenible, precisen de inmediata y urgente solución.

Este grupo, que se compondría en su mayor parte por familias enteras sin trabajo, podría desplazarse a lugares o sitios en que su rendimiento fuera eficaz y reproductivo. Como es lógico suponer, dentro del mucho volumen que forma este grupo, habría en mayor o en menor escala obreros representantes de todas las necesidades y actividades de la vida ciudadana.

Destacar diez mil parados a una colonia aislada de toda población, pero que tenga terreno fértil y propio para el cultivo, y ensayaríamos las normas de una más moderna organización social tan avanzada como queráis.

Rápidamente podrían salir de cada grupo cultivadores campesinos para sembrar los terrenos colindantes de aquella comarca; se precisarían albañiles, carpinteros, pintores y toda clase de productores en menor o mayor escala. Esta población, al formarse, empezaría a crear las necesidades concernientes al caso, como panaderías, carnecerías, alumbrado, comestibles, etcétera. Es decir, toda una gama de actividades que, por sistema de intercambio o la forma que más convenga, podría crear una economía particular dentro de cada núcleo o colonia que se estableciera. Bien administradas estas colonias, llegarían a independizarse y crear una propia riqueza, nacida exclusivamente de su trabajo.

M. Moreu

Por fin anunciamos a todos en general dos láminas nuevas, muy atractivas y alegóricas al movimiento revolucionario actual (19 julio). Los centenares de solicitantes que nos apremian constantemente, pueden, a partir de hoy, hacer su respectivo pedido, a fin de recibirlas en seguida después de la impresión. Prometemos que no defraudarán a nadie. Advertimos que el pago ha de ser a REEMBOLSO, para todos cuantos no tienen su cuenta corriente al día; así como también para los espontáneos. Precio: 1 peseta para el mayor y 1'50 para el detalle.

Portada de *Tierra y Libertad*, publicación muy vinculada a *Juanonus*.

DIARIO ILUSTRADO. AÑO TRIGÉSIMO CUARTO. 15 CTS. NUMERO.

ABC

DIARIO ILUSTRADO. AÑO TRIGESIMO CUARTO. NUMERO 10.870

FUNDADO EL 1.º DE JUNIO DE 1905 POR D. TORCUATO LUCA DE TENA

TORRES SIN CAMPANAS

Para transformarlas en material bélico, los rojos arrancaron las campanas de esta torre de la iglesia de Bujaraloz, a quien tanto querían los tranquilos vecinos de aquellas alegres llanuras. (Foto M. Gascó.)

Portada del *ABC* del 2 de abril de 1938, tras la entrada de las tropas franquistas en Bujaraloz.

Placa recuerdo en honor a Durruti, Bujaraloz, 1937.

Durruti dirigiéndose a los milicianos desde el balcón del cuartel general en la plaza Mayor de Bujaraloz.

La balsa llena y la libertad, grandes ideales monegrinos.

Ilustración de *Niel* con un pensamiento evangélico de Usón sobre los libros.

Vista de Bujaraloz desde la carretera de Zaragoza, año 1925.

ROMANCERO POPULAR

DE LA

REVOLUCIÓN

Al col·leccionista de periòdics, fulles soltes, romanços, paquins i tot allò que tingui un caire històric, conegut pel nom de Joaquim Alvarez per tots els llibreters barcelonins, li dedica aquest llibre el seu autor,

J. Usón (Juanonus)

Autógrafo de Usón.

MINISTERIO
DE JUSTICIA

REGISTROS CIVILES
ESPAÑA

Número 540

NOMBRE Y APELLIDOS

Juan
Usón Calvete

En la ciudad de Barcelona, provincia de la misma, a las diez del día cuatro de marzo de mil novecientos cuarenta y cinco, ante D. ________, Juez municipal ________, y D. Fran.co Serrano Ramos, Secretario, se procede a inscribir la defunción de D. Juan Usón Calvete de setenta y seis años nacido en Bujaraloz provincia de Zaragoza el día ________ de ________ de mil ________, hijo de D. Gerardo y de Doña María, domiciliado en la calle de C.º Ciento núm. 257, piso 1.º 1.ª, de profesión ________ y de estado soltero

falleció en su domicilio (2) el día de ayer, a las diez y siete y treinta minutos, a consecuencia de edema pulmonar según resulta de certificación facultativa y reconocimiento practicado, y su cadáver habrá de recibir sepultura en el Cementerio de Sud Oeste

Esta inscripción se practica en virtud de (5) manifestación de Miguel Barceló casado, empleado habita calle Campo Sagrado n.º 24

consignándose además (6) ________

habiéndola presenciado como testigos, D. Luis Pagès y D. Isidro M. Aguado mayores de edad y vecinos de esta empleados

Leída esta acta, se sella con el del Juzgado y la firman el señor Juez, los testigos y manifestante de que certifico.

1061583/11

Partida de defunción de Juan Usón Calvete.

Entrada a Bujaraloz por la calle Alta y calle San Agustín, finales de marzo de 1938; al fondo la torre de la iglesia de Santiago el Mayor.

Milicianos y ametralladoras Hotchkiss M1914 en la plaza Mayor de Bujaraloz, al fondo el arco de Santa Ana.

·JUANONUS·

ROMANCERO POPULAR DE LA REVOLUCION

BARCELONA
1937

ROMANCERO POPULAR
DE LA
REVOLUCIÓN

JUANONUS

ROMANCERO POPULAR DE LA REVOLUCION

Ilustraciones de "NIEL"

EDICIONES ANTIFASCISTAS
Muntaner, 42
BARCELONA

NO «es propiedad», ¡qué narices!
«Copyright by...?» «O! no my boy!»;
que a mí me salgan varices
si yo al «Registro» me voy.
Pues que lo dijo Proudhon:
«La propiedad es un robo»,
yo no voy a ser tan bobo
de no darle la razón.

¡A los heroicos y abnegados defensores de Madrid, invicto y eterno!

EL FUSIL DEL VIEJO POETA

Juan Usón, *(Juanonus)*, cuenta sesenta y siete años, y desde niño sintió en sus tiernas carnes la garra de la opresión y el despotismo, y, adolescente precoz, vio clara la desigualdad de los hombres en una Sociedad cuyas falsas bases se resquebrajaban.

Su amor a los libros, su afán de lectura, le dió una cultura sociológica y despertó en él una Musa rebelde y batalladora. Musa amarga y desafiadora que le hacía exclamar en plena juventud, en la edad en que la mayoría de los jóvenes sólo piensan en el disfrute del «divino tesoro»:

Jo no ploro pels que moren perquè sé que les ploralles
són la hipòcrita disfressa que els estúpids i els canalles
utilitzen per mostrar-se altruistes i cristians.
Jo no crec en una vida de tranquilla benhaurança,
i els meus resos són protestes i amenaces de venjança
contra els dèspotes que juguen amb la vida dels humans.

Gosen els uns de la vida
mentre que els altres sofreixen;
és pels tirans la ditxa i la alegria;
pels oprimits, les fatiges i les penes (1).

Casi toda su vida ha sido una continua protesta contra los poderosos, una incesante lucha en la clandestinidad para la consecución de sus puros ideales anárquicos de redención de los humildes y desheredados ; sin otro apoyo que el de su duro trabajo y el cariño y aliento de sus compañeros de lucha.

El viejo poeta ya no puede empuñar un fusil y correr hacia las trincheras a defender sus ideales, que tantas veces defendió con la pluma, como lo hubiera hecho en sus años mozos. Al viejo luchador ya no le es dable combatir a sus enemigos de

(1) Yo no lloro por los que mueren, porque sé que los lamentos
son hipócrita disrfraz que los estúpidos y canallas
utilizan para mostrarse altruistas y cristianos.
Yo no creo en una vida de tranquila bienandanza,
y mis rezos son protestas y amenazas de venganza
contra los déspotas que juegan con la vida de los humanos.

Gozan los unos de la vida
mientras los pobres sufren ;
para los tiranos, la dicha y la alegría ;
para los oprimidos, penas y fatigas.

siempre : a los plutócratas, a los generalotes traidores y a la taifa ensotanada que forman la innoble trilogía de la facción que venceremos.

Pero si físicamente los años no pasan en vano, el corazón y la mente siguen jóvenes para *Juanonus*, y el ardor de ambos engendraron este ROMANCERO que ahora nos ofrece y que es el *fusil del viejo poeta*...

J. BALAGUÉ

¡QUIÉN PIDE OTRO!

No creas, lector amigo,
que son los romances éstos,
fruto de la inteligencia
de un poeta de altos vuelos.
Mejor que estrofas pomposas
encontrarás en mis versos
el estilo y la cadencia
de esos romances de ciego,
propios para ser cantados
al son de un pobre instrumento,

en las humildes plazuelas
de aldeas y lugarejos.
Supongo que tú sabrás
dispensar mi atrevimiento,
si te digo la intención
que he tenido al componerlos.
No ha sido el afán de lucro,
ni el desmesurado anhelo
de ver en letras de molde
los romances que te ofrezco,
y que tal vez pienses tú,
que ni escribirse debieron.
Pero yo, que soy un pobre,
y además de pobre, viejo,
sólo les puedo ofrecer
a aquellos hermanos nuestros,
que están en todos los frentes
defendiendo con denuedo
la libertad y la vida
de este desdichado pueblo,
sólo puedo ofrecer, digo,
estos cantos callejeros,
que aún siendo malos, yo sé
el fervor que he puesto en ellos.
¡ No me dejéis desairado !
Escuchad a este coplero,
que convirtiendo en plazuela
este pequeño proemio,
no se avergüenza ni pizca

de gritar a voz en cuello:
—¡ El Romance Popular *!*
¡ Leedlo pronto, leedlo !
Va en él, la salutación
de un romancero modesto
a los bravos milicianos;
a aquellos hermanos nuestros,
que defienden en el frente
la libertad de los pueblos.
Yo no hago negocio alguno
con los romances que llevo,
porque no soy escritor
de esos que escriben a sueldo.
Y pensad que si no cobro
por escribir malos versos,
tampoco los cobraría
aunque los hiciera buenos.
Y es por esto y nada más,
que grito con firme acento,
estas palabras que son
el pregón de lo que ofrezco.
¡ A ver ! ¡ Quién quiere leer
los romances que voceo !
¡ Ahí va uno, compañera !
¡ Quién pide otro, compañeros !

19 DE JULIO

Unos cuantos militares
de los de peor ralea,
pensaron hacerse dueños
de las españolas tierras,
y proclamando ideales
en los que nunca creyeran,
se lanzaron a la calle
en poblaciones diversas.
Y el pueblo, que ya está harto
de galones y de estrellas,

de pronunciamientos burdos
y cuarteladas grotescas,
valiente les salió al paso
para darles la sorpresa
de que aquí las multitudes
saben convertirse en fieras,
cuando alguien, torpe o cruel,
las escarnece y las veja.
¡ Buena la hicisteis, traidores,
en la catalana tierra !
Los bravos trabajadores
que lustros atrás corrieran
en viendo cuatro uniformes
por las calles y plazuelas,
dieron la cara y la sangre
en la susodicha fecha,
y al momento os hizo huir
como pobres mujerzuelas.
¡ Pensasteis que los obreros
eran una masa infecta !
¡ Pensasteis que en Barcelona
nadie se daría cuenta
de vuestros siniestros planes
y vuestra actitud perversa !
Y en menos que canta un gallo,
como el refranero reza,
una legión de rebeldes
os hizo morder la tierra,
y os hizo volver atrás

hacia vuestras madrigueras.
Pasaron aquellos tiempos
en que siendo amos de Iberia,
os robaron como a un *primo*
a quien roban la cartera,
lo que llamaban colonias
unos patriotas de pega.
Pasaron aquellos días
en que por fanfarria vuestra,
la ley de jurisdicciones
amordazó pueblo y prensa.
Pasaron aquellas horas
en que a la masa inexperta,
al grito de ¡ viva España !
la llevabais donde quiera.
Pasaron ya muchas cosas
que eran inicuas ofensas
dirigidas a los hijos
de esta desgraciada Iberia.
¡ Basta de marcha de Cádiz
y de arengas patrioteras !
El pueblo, ya lo habéis visto!
Ya no corre cual corriera
huyendo de los fusiles
y de uniformes y emblemas.
Se ha... ciscado (y perdonad
si la expresión es grosera),
en todos los militares
que tienen por santo y seña,

amordazarle la boca
y remachar sus cadenas.
El diez y nueve de julio
es la más gloriosa fecha
para el pueblo que en la calle
abatió vuestra soberbia,
y está dispuesto a acabar
con una casta funesta,
que llena de vanidad
y falta de inteligencia,
quiso ser dueña absoluta
de esta desgraciada tierra.
¡ Se acabó ya ese lucir
fajines, cruces y estrellas ;
se acabaron los galones
y triunfaron los... ¡ *etcétera !*
... ...
Iba a colocar aquí
una palabra muy gruesa,
que sólo un militarote
se atrevería a ponerla.
Y no está bien que un coplero
por poco culto que sea,
ponga al final de un romance
una frase cuartelera.
¡ Pues del cuartel, ni una frase
aún siendo gráfica y cierta !

LOS MILICIANOS

A los padres, a las madres,
abuelos, chicos y chicas,
a esos jóvenes valientes
que forman en las milicias,
y a todos los milicianos
de ideologías distintas
que se baten en el frente
contra la fiera fascista,
a falta de mejor cosa
un coplero les dedica

este romance que tiene
carácter ochocentista.
Podéis estar satisfechos,
abuelos, chicos y chicas,
padres y demás parientes
de tener en la familia
gente brava y abnegada
que hace ofrenda de su vida.
para acabar de una vez
con la siniestra pandilla
de generales borrachos,
de frailucos y jesuítas,
de plutócratas ladrones
y otras aves de rapiña
que al grito de ¡ viva España !
trataban de destruirla,
como lo están demostrando
las salvajes fechorías
que todavía cometen
en muchos pueblos y villas.
Ellos se creyeron ser
nuevos caballos de Atila ;
el pueblo les puso el freno
y de una manera digna,
les obligó a hacer un alto
en la carrera emprendida.
Díganlo esos milicianos
que en actitudes bravías
van cercando a los facciosos

y valientes les obligan
a abandonar posiciones ;
a esconderse como hormigas,
a volar cual abejorros
y a huir como lagartijas.
Bien por los hijos del pueblo
que abandonaron las minas,
las fábricas y talleres
y el calor de la familia,
para luchar con denuedo
contra los liberticidas
que en nombre de un dios que insultan
y una patria que aniquilan,
han llevado al pueblo hispano
a una guerra fratricida.
¡ Adelante, milicianos !
a luchar por la justicia
y a acabar con las cadenas,
con que de una forma inicua,
caciques y militares
al proletario oprimían.
Entrad en las madrigueras
donde acechan los fascistas ;
volad donde vuelan ellos
y sea la dinamita,
la que les rompa las alas
y los deje hechos papilla.
Ellos lo han querido así
y pues, que la fuerza obliga,

es necesario luchar
de manera decisiva
para acabar de una vez
con la siniestra pandilla,
que va sembrando el terror
por todo el suelo que pisa.
Demostradles que ya España
no es la sierva de otros días ;
que la masa se ha cansado
de quienes la tiranizan,
y que acabará por fin
con todas las ignominias,
que fueron siglos y siglos
nuestro pan de cada día.
Id a asaltar las ciudades
desde donde os hostilizan ;
salvad a nuestros hermanos
que bajo el terror fascista,
sirven de blanco a las armas
por vosotros esgrimidas.
Llevad desde Cataluña
a los campos de Galicia,
y desde el mar de Cantabria
a los lares de Sevilla,
la nueva de que ya España
va a ser pronto redimida,
gracias a los bravos hombres
que formáis en las Milicias.
Poned un punto final

a esta lucha fratricida
a la que nos han llevado
las gentes ordenancistas ;
y una vez hayáis triunfado
de esa funesta pandilla,
convertid el suelo ibero
en un vergel de delicias,
limpio de toda esa hierba
de curas y de jesuítas,
de plutócratas ladrones
y otras aves de rapiña,
que durante muchos siglos
fueron del pueblo enemigas.
Todo esto es cuanto desea
la multitud dolorida,
y este coplero infeliz
que al son de una guitarrica,
os ha cantado un romance
de sabor ochocentista.

A CABANELLAS

(Imitación de un romance clásico)

«Si eres Cabanellas, bravo,
como los fascistas cantan ;
si por no pagar barbero
te dejas crecer la barba,
o bien porque tus soldados
te respeten por la facha.
Si has llegado a general
mejor que por tus hazañas

porque eras un lameculos
de los que antaño mandaban ;
si antes de dar aquel grito
de traición contra tu patria,
te emborrachaste con ron
y con copas de cazalla,
e hiciste que tus soldados
como tú se emborracharan.
Si has matado, como dicen,
a la masa proletaria,
tan sólo porque creíste
que tus planes estorbara.
Si sin un aviso previo
y sin formación de causa
hicieron ejecuciones
los soldados que tú mandas,
convirtiendo en cementerio
las calles zaragozanas.
Si católico como eres
crees que la Virgen te ampara,
tomándola por fascista
defensora de canallas.
Si crees que en Zaragoza
nadie va a ponerte a raya,
y a reducir tu soberbia
y a acabar con tus agallas.
Si has pensado que la tropa
que tus mandatos acata,
en cuanto tenga ocasión

no ha de volverte la espalda.
Si imaginas que ese pueblo
que hoy tan sumiso te «aguanta»,
más bien que por convicción,
por temor a tus infamias,
en quitándose el grillete
no te dará dos patadas.
Si opinas que las milicias
de la tierra catalana,
no han de darte la paliza
que te tienes bien ganada,
permíteme que te diga
que tu opinión es bien falsa.
Y en fin, que si tú has pensado
hacerte el dueño de España,
convirtiéndola en cuartel
o en una tribu africana,
calcula que no es pequeña
la decepción que te aguarda.
Ha de hundirse Zaragoza,
mejor dicho, tus mesnadas,
antes que los españoles
no anulen con fiera saña,
el orgullo y la soberbia
de ese fantoche con barbas.»

… … … … … … … … … … … … …

Esto el pueblo hispano escribe
con tal cólera y tal rabia,

que el rasguear de la pluma
se oye de manera clara,
desde todos los lugares
donde los fascistas campan.

¡BUJARALOZANOS!

¡ Pueblo de Bujaraloz !
Soy un bujaralozano
que después de medio siglo
de abandonar esos campos
que todos mis ascendientes
con sus sudores regaron,
te dedica este romance
de estilo sencillo y claro.
Yo no guardo de mi pueblo
aquellos recuerdos gratos

que enternecen a los hombres
cuando van entrando en años.
Como hijo de jornalero,
pasé días muy amargos,
porque el pan de cada día
en mi casa andaba escaso ;
pues el jornal de mi padre,
jornal peor que de esclavo,
no pasaba algunos meses
de siete reales diarios.
Y si nos faltaba el pan
todos los días del año,
también nos faltaba el agua
en acercarse el verano,
porque las balsas del pueblo
todas se habían secado.
De mis días infantiles,
queridísimos hermanos,
sólo recuerdo aquel sol
que tomaba en el Tollanco,
donde iba a matar el hambre
junto con otros muchachos
que, como yo, no tenían
ni el consuelo de ser malos,
como son todos los chicos
si alguna vez se ven hartos.
Después de dejar en casa
a nuestras madres llorando
por la carencia de pan

y aun del agua en muchos casos,
no era cosa de jugar...
No era cosa de ser malos.

* * *

Ha pasado medio siglo
de lo que os estoy contando ;
y aunque ausente de mi pueblo,
todos estos cincuenta años,
no he dejado de pensar,
queridísimos paisanos,
en el hambre que, cual yo,
han pasado otros muchachos ;
en el llanto de las madres
por no poder sustentarlos,
y en el mezquino jornal,
el degradante salario
que, casi como limosna,
os ofrecían los amos,
por trabajar como ilotas
en esos malditos campos.
Hoy, por fin, Bujaraloz,
el pueblo sufrido y manso
que pasó tantas miserias
y sufrió tantos quebrantos ;
ese pueblo monegrino,
despierta de su letargo,

al ruido que por sus calles
promueven los milicianos.
Durruti y sus compañeros,
audaces, justos y bravos,
han llegado a Los Monegros
a batirse contra el fascio,
y a sacar de su opresión
a los obreros del campo.
Aunque ausente de mi pueblo
desde mis primeros años,
porque el hambre me echó de él
poco menos que a zarpazos,
desde esta de Barcelona
felicito a mis paisanos
y me felicito yo,
pues, obrero al fin y al cabo,
he de aceptar como mía
la victoria de esos maños,
que se han escapado al fin
de las garras de los amos.

* * *

¡ Albricias, pues, monegrinos !
¡ Salud, bujaralozanos !
Quisiera no ser ya viejo
para venir a abrazaros,
y bailar una jotica
en lo que hoy son *vuestros campos* ;

en esos campos que nunca
podrá nadie arrebataros,
y que nuestros ascendientes
con sus sudores regaron.

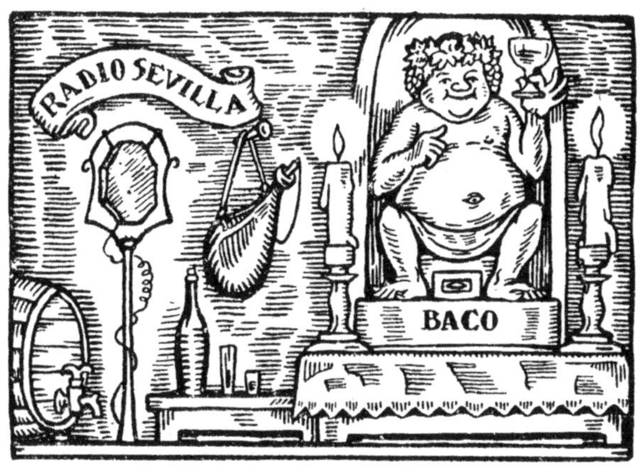

QUEIPO DE LLANO

No es invocando a las musas,
sino invocando al dios Baco,
que el autor de este romance
empezará su relato.
Porque va a tratar en él
del general más borracho,
de todos los generales
que también se emborracharon.
Todo español que en su casa
tiene aparato de radio,

nota el olor a cazalla
cuando habla Queipo de Llano.
Y el gran bebedor, disfruta,
sabiendo que es escuchado
por miles de radio-oyentes
que le dieran amoníaco,
si en vez de estar en Sevilla
lo tuvieran más a mano.
—Muy buenas noches, señores—,
dice con acento opaco.
Y como todos sabemos
que pasa muy malos tragos,
no nos extraña ni pizca
que diga de vez en cuando :
—Esperad ; que no recuerdo
qué es lo que iba a contaros—.
Pues a fuerza de beber,
este ente extraordinario,
pierde la memoria, el pulso,
y otras cosas que callamos.
¡ Mala suerte la de España
si Queipo, El Calamocano,
por un azar del destino
se hiciera amo del cotarro !
Un tipo, que es un tonel ;
que habla como un papagayo,
y que debe conocer,
pues que lo está demostrando,
las marcas de los licores

y vinos más afamados,
querría que el español
fuera un tipo tabernario,
pendenciero, bravucón,
con el mirar de soslayo,
y que al discutir con alguien
pusiera en jarras los brazos.
En seguida formaría.
la Legión de los Borrachos,
y sería obligatorio
beber en porrón o en vaso,
no agua clara ; porque el agua
es para los renacuajos,
y para otras bestezuelas
que nunca el vino cataron.
Convertiría en tabernas
todos los pueblos hispanos ;
y el descorchar de botellas
y los olés y los bravos,
asombrarían al mundo
como ya están asombrando
los cientos de disparates
que suelta Queipo a diario
y las palabrotas feas
que dice entre trago y trago.
¡ Pero no ! No puede ser
que nos gobierne ese fatuo ;
esa barrica de vino ;
esa lengua de estropajo ;

ese inventor de mentiras
que cada noche por radio,
hace reir a quien tiene
la paciencia de escucharlo.
No, Queipo ; ni aunque tú fueras
de lo más republicano ;
ni que fueras socialista,
que ya es decir demasiado,
te despreciaría el pueblo
porque el pueblo es muy sensato,
y no querría tratar
con gobernantes borrachos.
No te hagas, pues, ilusiones ;
sigue bebiendo y charlando
y contando esas mentiras
que alegran a los del fascio.
No salgas de la bodega
a la que tú llamas radio ;
y espera que el pueblo un día
te saque de ella a trompazos
y te eche al Guadalquivir;
pues justo es que muera ahogado,
quien jamás usó del agua
ni para tomar un baño.

GARCIA LORCA

¡ Murió el poeta ! Murió
el de la líra sonora ;
el de las rimas rebeldes
y de punzantes estrofas.
Murió el poeta gitano
que en algunas de sus obras
se metió con los civiles,
que eran *el alma española,*
según dijo un gobernante
de fatídica memoria.

Murió el creador de Yerma ;
de esa Yerma soñadora
que al verse infecunda y joven
pasa días de congoja,
instantes de abatimiento
y veladas dolorosas.
Murió el poeta, sin ver
que esta otra Yerma española
que pasó siglos y siglos
soñando con ser dichosa,
va a realizar su sueño
aunque les pese a las hordas,
que imaginan que la plebe
no puede ser soñadora.
¿ Dicen que murió ? ¡ No es cierto !
No murió García Lorca ;
no murió ; ló asesinaron
las turbas facinerosas,
que odian por igual al pueblo
que sufre, protesta o llora,
que al poeta que en sus cantos
va recogiendo esas notas.
Habéis matado a un poeta
porque puso en sus estrofas
acentos de rebeldía
contra la turba opresora ;
ansias de liberación
y deseos de reforma,
en esa pútrida charca

llamada escena española.
Como Yerma mata al hombre
que fecundarla no logra,
vosotros, los falangistas,
gente abyecta y bravucona,
habéis matado al poeta
por ser fecundo de sobra.
Habéis matado al poeta ;
pero quedan sus estrofas,
y queda un pueblo rebelde
que está escribiendo su historia,
y en una página de ella
ha de poner esta nota :
«En el año treinta y seis
y en tal día y a tal hora,
los nuevos inquisidores
de la nación española,
asesinaron a un hombre
por no haber hecho otra cosa,
que escribir versos sublimes
y rimas fuertes y hondas.»
Y así, al unir vuestros nombres
con el de García Lorca,
os habréis hecho inmortales ;
pues es fatal paradoja,
que también los asesinos
tengan un sitio en la Historia.

Glorioso patrón San Roque…

Parodia de una oración
que un escribidor fascista,
le dedicó en Zaragoza
a San Roque, hace unos días.

¡Glorioso patrón San Roque
que *tiés* la carne *pudrida,*
porque en vez de andar rezando
t'ibas por las mancebías !
Porque eras un *pelegrino*
buscabas las *pelegrinas,*

que en *toas* las partes del mundo
están hechas unas tías.
Pero llegaste a *Madrí,*
donde no hay más que *melicias,*
y las bravas *melicianas*
te dieron una paliza.
Y siempre *pelegrinando,*
distes una vueltecica
por tierras de Cataluña
y por tierras vizcaínas,
donde según cuenta Queipo
hay peste separatista,
y también te... *separaron*
los *güesos* de las costillas.
Te quisiste meter luego
con *rusos* y comunistas ;
con la C. N. T., la F. A. I.,
y otra gente que es muy digna,
y no hay que *dicir* también
que *perdistes* la partida.
Hasta el perrico que tienes
que te lame las heridas,
como hay hombre lameculos
que llame a los que lo enristran,
ya no da *bocaus* ni ladra
cuando ve un antifascista.
Ni ese garrote que llevas
espanta a nadie hoy en día ;
porque *toos* los que te invocan

lo hacen de mentirijillas,
y *quieen* en vez de garrotes
fusiles y dinamita.
Antes, en la calabaza,
llevabas agua bendita ;
y hoy *tiés* que llevar cazalla
pa que beban los fascistas,
que se *em-pinan* más que dios
sin haber *pasau* por Pina.
Vete, pues, cacho de... Roque,
con tus aperos e insignias,
al campo de la Falange,
donde están tus *pelegrinas,*
que te besarán los pies
y *pué* ser que otras cosicas ;
porque ellas lo besan *tóo*
con tal que nadie las diga,
que *pué* convertirse en puerco
quien a los puercos *s'arrima.*
¡ San Roque, patrón glorioso
que *tiés* la carne *pudrida !*
Al meterte en la Falange
mira bien en donde pisas,
porque *icen,* y es *verdá,*
que allí todo es porquería !

* * *

Por rezar esta oración
cien mil veces; de rodillas,

se librará el rezador
de las damas falangistas,
que son peores que el perro
que con San Roque vivía.
Vamos, que son unas perras
que ladran y que mordiscan.
Y el otro, era un perro santo
que solamente lamía
las llagas que al pobre Roque
todo el cuerpo le cubrían.

¡MADRID!

Yo soy un aragonés
nacido allá en Los Monegros ;
y es excusado decir
que, por lo tanto, no puedo
gritar en estos instantes :
—¡ viva Madrid, que es mi pueblo !
No soy hijo de Madrid ;
pero aun sin ser madrileño,
y sintiéndome anarquista
desde mis años más tiernos,

prescindo en la hora presente
del sitio en que a luz me dieron
y de aquellos ideales
que tuve desde pequeño,
para proclamar aquí
en mal hilvanados versos,
que pongo mi pobre pluma
y, si es preciso, mi cuerpo,
al servicio y a la orden
de los modernos chisperos.
¡ Madrileños ! Un baturro
que es un anarquista neto,
os desea decisión,
coraje, audacia y talento,
para barrarles el paso
a esos falangistas necios,
que en su afán liberticida
han puesto a Madrid un cerco,
que sabréis romper vosotros
con vuestro temple de acero.
Yo no me siento patriota
como un Nicasio Gallego,
porque mi patria es el mundo
y sé que en estos momentos
está todo el porvenir
de miles de hermanos nuestros,
en la actitud que adoptéis
los obreros madrileños.
¡ Sentíos hijos del mundo

en este instante supremo !
Prescindid de ideologías
y pensad de un modo serio,
que el triunfo de los fascistas
sería en estos momentos
la vuelta a la esclavitud
que muchos siglos sufrieron,
millones de proletarios
en mil países diversos.
Pensad que los gobernantes
que mandan en otros pueblos,
esperan que los facciosos
de Madrid se hagan los dueños,
para decir en voz alta
que aquí el único gobierno,
sería el representado
por los Molas y los Queipos.
Sé que estas excitaciones,
que son hijas del momento,
son un poco inoportunas,
pues sinceramente creo
que ese pueblo de Madrid
alegre y dicharachero,
sabe que ha llegado hoy
la hora de ponerse serio.
Y creo saber también
que hay en España otros pueblos
y otras gentes más allá
del mar y los Pirineos,

que con su ayuda moral
y con sangre de sus cuerpos,
bravamente han de impedir
que esos ejércitos negros
pongan sus salvajes patas
en el madrileño suelo.
¡ No pasarán ! Y si pasan,
que cuesta mucho el creerlo,
hay que pensar que en Madrid
hallarán su cementerio.
Se juega en estos instantes
la suerte del suelo ibero ;
se arriesga en esta partida
la libertad de otros pueblos.
Y vosotros, que cien veces
dejasteis de estar risueños
y hundisteis a los tiranos
que aherrojaros quisieron,
hoy empuñaréis las armas;
pondréis muy fruncido el ceño
y acabaréis de una vez
con esos hombres perversos,
que hoy trataban de emular
a déspotas de otros tiempos.
¡Adelante, hasta vencer!
Que los millones de obreros
que saben que vuestro triunfo
es también el triunfo de ellos,
en sabiendo que *los gatos*

a los chacales vencieron,
en Méjico y en Moscú
y en cien países diversos,
gritarán : —¡ Viva Madrid,
que también es nuestro pueblo !

PARA LOS NIÑOS

¡Oh, niños, que en las ciudades
y en las plácidas aldeas,
retozáis en los jardines
o en las vetustas plazuelas !
Mocosos de diez abriles
y gentiles arrapiezas,
que solos, o acompañados
por ayas o por niñeras,
alegráis a los ancianos
que vuestros juegos contemplan.

Tal vez por causaros miedo
os contaron historietas
de duendes y de fantasmas,
de brujas viejas y feas,
y hasta de ángeles alados
que continuamente velan
y espían vuestras acciones
para, según sean ellas,
castigarlas o premiarlas
con fantásticas sorpresas.
Tal vez alguien de vosotros
en tales cosas no crea...
y yo os digo que hace bien ;
pues todas esas consejas
son invención de unos hombres
que con intención siniestra,
por falta de ilustración
o por mil causas diversas,
llenan de supersticiones
vuestras cabecitas tiernas.
Pero lo de hoy, es verdad ;
hay unos hombres que vuelan
(aunque sería mejor
que les llamáramos fieras),
y desde allá, de las nubes,
y ocultos entre la niebla,
arrojan la dinamita
sobre ciudades y aldeas,
en cuyas tranquilas calles

los pobres muchachos juegan.
Y esos hombres voladores
que desde la altura inmensa
con sus mortíferas bombas
vidas infantiles diezman,
son los mismos que inventaron
las fábulas y consejas
que llenaron de terror
vuestras cabecitas tiernas.
Son los que tienen un dios ;
y a ser cierta la leyenda,
no podría consentir
en su justicia suprema,
que fuerais asesinados
por las calles y plazuelas.
Son los llamados fascistas ;
gente villana y abyecta,
que en vez de acudir como hombres
a los sitios de pelea,
vuelan como pajarracos
y ocultos entre la niebla,
bombardean los lugares
en donde los niños juegan.
¡Se acabaron ya los cuentos
que os contaban las abuelas !
Ya no hay ángeles ni hadas,
ni fantasmas ni hechiceras,
ni Genios buenos ni malos
que os castiguen u os protejan.

No quedan más que asesinos
que desde lo alto acechan,
y dejan caer sus bombas
sobre la infancia indefensa.
¡ Oh, niños ! Al ser ya hombres
recordaréis estas fechas,
y diréis a vuestros nietos
que cuando pequeños erais,
hubo unos hombres malvados
sin valor y sin conciencia,
que en lugar de acariciaros
os cazaban como fieras.
No tendréis que inventar cuentos
ni que contarles consejas,
de esas con que hoy a la infancia
se la atrofia y se la ciega.
Les contaréis la verdad ;
y así, vuestra descendencia,
sabrá odiar a los tiranos,
oyendo por boca vuestra,
que siendo vosotros niños
hubo en los pueblos de Iberia,
gente llamada cristiana
cuya misión en la tierra
era asesinar infantes
y mujeres indefensas,
mientras tomaban el sol
en jardines y plazuelas.

DURRUTI

No están lejanos los días ;
está muy cerca aquel tiempo,
en que al hablar de Durruti
como de otros compañeros
que hoy forman en las milicias
portándose como buenos,
burgueses y policías
y periodistas a sueldo,
pedían para esos hombres
la ergástula o el destierro,

y hasta la pena de muerte
sin formación de proceso.
¡ Ser anarquista, era entonces
crimen de los más horrendos !
Pedir pan y libertad
para los hijos del pueblo,
era exponerse a morir
a manos de los sabuesos,
que inconscientes o malvados
servían a los gobiernos.
Pero llegó el día aquel
en que compañeros nuestros,
audaces, hicieron frente
a esos cuatro bandoleros
que querían, y que aun quieren,
sostener sus privilegios,
convirtiendo el suelo hispano
en inmenso cementerio.
Llegó aquel día, y Durruti
que jamás conoció el miedo;
Durruti el idealista,
fué también de los primeros
que en la inquieta Barcelona
contra el fascio se batieron.
Más tarde, cuando el fascismo
invadía Los Monegros,
fueron Durruti y los suyos
quienes impedir supieron
que requetés y facciosos

se hicieran de allí los dueños.
Y pusieron en la lucha
tanto coraje y denuedo,
que no paró el enemigo
materialmente desecho,
hasta instalar sus cuarteles
a la otra orilla del Ebro.
Y Durruti, el anarquista
a quien antes persiguieron
gentes que nada sabían
de su corazón inmenso,
de su amor a los humildes
y de sus nobles arrestos ;
Durruti, el obrero humilde,
fué desde aquellos momentos
temido por la Falange
y admirado por el pueblo
que lo convirtió en caudillo
sin que él pretendiera serlo.
Era el luchador de siempre;
era el hombre justo y bueno
que antaño fué perseguido
precisamente por eso.
Y ahora, en vez de engreirse,
era discreto y atento,
y jamás tenía un no
para todo compañero
que iba a pedirle un favor,
una audiencia, o un consejo.

Era un miliciano más ;
no un jefecillo soberbio
de esos que hablan con desdén
a todos sus subalternos.
Quien haya visto a Durruti
atravesar Los Monegros,
escuchando a los mayores
y abrazando a los pequeños ;
quien haya visto a aquel hombre
que aun cuando fruncía el ceño,
regalaba una sonrisa
que le salía de adentro.
Y en fin ; los que han conocido
al gran camarada, hoy muerto,
comprenderán la tristeza,
la rabia y dolor intenso
que todos los anarquistas
hemos sentido al perderlo.
Y a nuestro dolor va unido
el dolor de todo un pueblo,
que ha visto en ese anarquista,
perseguido en otros tiempos,
un héroe que imitar ;
una guía y un ejemplo
para seguir adelante
en el titánico empeño,
de dejar de los facciosos
tan solamente un recuerdo
que llene de indignación

a los hombres venideros,
cuando fríamente juzguen
quién fué nuestro compañero,
y quiénes los asesinos
que destrozaron su cuerpo.

ARA ES HORA, CATALANS...

Ara és hora, catalans,
d'arribâ al cor de Castella,
per a abatre uns militars,
gent despótica i superba,
que volen esclavitzar
a tots els pobles d'Ibèria.
Ara és hora, catalans,
de pensar que enllà de l'Ebre,
han sortit uns malfactors
que amb gent i armes estrangeres,

volen, segons diuen ells,
aixeca una *España Nueva.*
Es hora de palesar
per terres aragoneses,
a la dolça Andalusia
i als tocoms de la Meseta,
que no sou els fills d'ací
el que volien fer creure,
quatre polítics traïdors
amb la seva xerrameca.
Ara és hora, catalans,
de dî en veu alta i ben ferma,
que estimar la llibertat
i estimar la vostra llengua,
vol dir que estimeu també
la llibertat d'altres terres,
i la parla d'altres gents
que el jou dels tirans sofreixen.
Prou que sabem, catalans,
que no us han calgut arengues
en els moments que passem,
per a complî el vostre deure.
Heu sabut foragitar
ans bé que amb armes, a empentes,
als qui un jorn, (mal jorn per ells),
van concebre la quimera,
de fer-vos retrocedir
a la negror d'altres segles.
I després... després, que ho diguin

els fills de la vostra terra,
que per cercar 1'enemic
han deixat família i feina,
i es baten com a lleons
a la plana aragonesa,
a les terres de llevant
i als llogarrets de Castella,
demostrant a l'enemic
d'una faisó ben concreta,
el braó que un poble té
si ve un dia que es desferma.
Però és hora, catalans,
de girar l'esguard enrera,
i de pensar fredament
si a la vostra pròpia terra,
no hi ha també un enemic
que d'una forma encoberta,
cerca, per tots els mitjans,
anullar la vostra feina.
Heu fet tot el que heu pogut
per salvâ els pobles d'Iberia !
Heu fet que terres enllà
conegui les vostres gestes,
gent que us endreça un salut
per damunt de les fronteres !
Peró no hi será demés
que aixequeu una barrera,
que allunyi del vostre front
a certa gent que us rodeja.

I és per això, catalans,
que un baturro de naixença,
glosa avui aquella cançó
que és el vostre crit de guerra.

... ...

Ara és hora, catalans,
ara és hora d'està alerta
i de preparar la falç
per segar les males herbes,
que creixen ufanament
i en els vostres camps s'hi arrelen.
Ara és hora, catalans,
de salvar la vostra terra,
sense que oblideu, però,
que en altres llocs del Planeta,
hi han mils i mils d'esclaus
que com vosaltres pateixen,
i als qui cal també ajudar
per lliurar-los de cadenes.
Però penseu, catalans,
que en aquesta hora suprema,
haureu d'empunyar la falç
(eina de treball i guerra),
contra algú que no us vol bé,
i que per vergonya seva,
a Catalunya ha náscut
i parla la vostra llengua.

UN PUÑAO DE JOTAS

Canto porque sé cantar,
y porque me da la gana ;
y no hay ningún falangista
que me chafe la guitarra.

No es verdad que Queipo coja
una *mona* cada día ;
cogió una hace treinta años
y la guarda todavía.

La virgen del Pilar dice
que está harta de *panolis ;*
que va a abandonar el templo
y a suscribirse a *La Soli.*

Al entrar en Aragón
una baturra me dijo :
—Si eres de la C. N. T.
pués contar con mi cariño.

Cuando parió a Cabanellas,
su madre murió del susto,
al ver que el recién nacido
tenía cara de bruto.

Pa ir a Zaragoza, maño,
te llevas en las alforjas,
en vez de pan y chorizo,
tres docenicas de bombas,

No puedo pasar el Ebro ;
cuando lo llegue a pasar,
no le daré a Cabanellas
ni tiempo de estornudar.

Porque soy del Arrabal
me llaman la rabalera;
no llamándome fascista
que me llamen como quieran.

Echar mano de los moros
y gritar ¡ *Arriba España !*,
sólo se le ocurre a Franco
o a cualquier otro canalla.

A orillas del Manzanares
no me vengas a llorar ;
porque no ha de ser con lloros
cómo podremos triunfar.

La virgen del Pilar dice…
dice que no dice nada,
porque los de la Falange
la tienen amordazada.

Asómate a la ventana
y verás a los fascistas,
que mientras matan a Dios
rezan a la Pilarica.

San Isidro labrador
deja de una vez la esteva,
que estarás mejor que arando
si empuñas una escopeta.

Buscad, mujeres y niños,
un sitio donde esconderos,
porque por la carretera
van llegando los del tercio.

Al grito de *¡ arriba España!*
quieren triunfar los del fascio ;
pero en lugar de ir *pa* arriba,
parece que van *pa* abajo.

Miliciano, miliciano
que por la ciudad paseas,
piensa que mejor sería
pasear por las trincheras.

Si tienen madre esas fieras
que asesinan pequeñuelos,
deben maldecir la hora
que tales hijos parieron.

Franco, Queipo y Cabanellas
son como la trinidad ;
son tres facciosos distintos
y un único criminal.

Al entierro de Durruti
fueron miles de personas ;
pero vaya *usté* a saber
si algunas eran facciosas.

Sabemos que Franco es falso
y para ser falso en todo,
son falsos esos billetes
con que les paga a los moros.

Las balas, no se detienen ;
salen del fusil y... ¡ hala !
No hacen caso del letrero
que dice : —¡ *Detente, bala !*

Si hay un dios tras esa altura
por donde los astros van,
le soltará un par de bombas
un avión alemán.

Un anciano de ochenta años
lloraba con honda pena,
porque todos se oponían
a que fuera a las trincheras.

He visto llorar a un joven
y consolarlo no pude ;
lloraba porque quería
que le dieran un *enchufe.*

Cuando veo a las centurias
marchar carretera abajo,
despido a los que se van
y pienso en los emboscados.

El día que en Zaragoza
puedan entrar las milicias,
le darán a Cabanellas…
recuerdos *pa* la familia.

En un cementerio entré…
esa copla es de otros tiempos ;
hoy, en entrando en España,
ya estás en el cementerio.

Queipo, ya bebió de todo ;
y piensa, y no ha de lograrlo,
coger una borrachera
con sangre de miliciano.

Miliciano que te bates
día y noche en las trincheras,
no le cuentes ni a tu madre
lo que está pasando en ellas.

Tras de la cruz está el diablo,
nuestras abuelas decían ;
pero hoy, detrás de la cruz,
se esconden los falangistas.

Pedirle peras a un olmo
y albaricoques a un sauce,
es como pedirle a Queipo
que deje de emborracharse.

Royo Villanova calla ;
nadie sabe dónde está ;
le estará contando chistes
a la virgen del Pilar.

La virgen del Pilar dice,
y lo dice en catalán :
—¡ *Em caso amb deu ! Quins pebrots*
que tenen els milicians !

Los pocos curas que quedan
porque lograron huir,
ya no empuñan el hisopo ;
ahora empuñan el fusil.

Avión que por los aires
vuelas haciendo zig-zag,
¿ puedes decirme si sabes
cuántos niños matarás ?

Seis italianos, diez moros
y algún general traidor,
es lo que los fascistas llaman
el ejército español.

Las gentes de la Falange
son todas tan lujuriosas,
que ahora, además de moros,
dicen que les manden moras.

Al pie de un Cristo en la cruz
un falangista decía :
—Si acaso triunfan *los rojos,*
me cago en ti y en tu tía.

Quien se sienta antifascista
debe adornar su portal
con unas letras bien grandes
que digan : —¡ No pasarán !

Todos los aragoneses
van a salir de Aragón
en busca de unos ladrones…
ya sabemos quienes son.

Oyendo a Queipo por radio
he llegado a imaginar,
que muchos de los que le oyen
se pueden emborrachar.

Se acabaron en Madrid
los chulos y las manolas ;
no hay más que hombres y mujeres
que se baten contra Mola.

Ciudadano que te exaltas
porque has de dar un colchón,
piensa en el frío que pasan
en el frente de Aragón.

Está bien que diga Queipo :
—de esta agua no beberé— ;
porque ése, no gasta agua
ni *pa* lavarse los pies.

Los mañicos de Aragón
como antiguamente, rondan ;
sino que en vez de guitarras
llevan ametralladoras.

Pegarle a su madre, dicen
que es una acción repugnante ;
y Franco le pega a España
diciendo que ella es su madre.

Lo de morir por la patria
casi se ha acabado ya ;
es más digno y más honroso
morir por la humanidad.

Ya ha dejado el Manzanares
de ser un río pequeño,
desde que aumentó su cauce
con sangre de hijos del pueblo.

Pasearse en automóvil
y atropellar ciudadanos,
no es lo mismo que ir al frente
contra las hordas de Franco.

Los brutos de la Falange
son como los caracoles ;
en tocándoles los cuernos
se repliegan y se esconden.

Dicen que Judas se ahorcó
después de vender a Cristo ;
Franco ha vendido a su patria
y todavía está vivo.

La virgen subía al cielo
y un aviador faccioso
sin decirle, ¡ alto, quién vive !,
le pegó un tiro en los morros.

Las damas de la Falange
dejaron de ser señoras ;
andan en tratos con zorros,
y se han convertido en zorras.

Al oír ciertos rumores
piensa hasta el más pacifista,
en cortarles el resuello
a todos los *rumoristas*.

Queipo quiere cuatro copas ;
Cabanellas, un barbero ;
y Franco quiere una esponja
para limpiarse el trasero.

El día que el pueblo coja
a esos toreros fascistas,
no hay que tener duda alguna
que les dará la puntilla.

Al que te diga que goza
oyendo por radio a Queipo,
dile que si no es fascista
le falta poco *pa* serlo.

Las tierras de Los Monegros
no dan solamente trigo ;
dan también hombres valientes
que luchan contra el fascismo.

Fascista que a las mujeres
por mofa les corta el pelo,
merece, y es poca cosa,
que a él le corten el cuello.

Piensen los que echan de menos
requisitos y manjares,
que para ganar la guerra
se ha de saber pasar hambre.

Ponerles escapularios
a los hijos de Mahoma,
es como ponerle a Cristo
un par de ametralladoras.

Yo quería a una morena
que parecía muy lista;
pero la di dos patadas
al saber que era fascista.

No te muevas, Cabanellas,
de la sombra del Pilar ;
porque si tiras *p'alante*
te pueden estozolar.

El amor a los infantes
y el respeto a la cultura,
se lo pasan los facciosos
por donde mean las burras.

Dicen que Santiago era
un gran matador de moros;
pero hoy se convertiría
en matador de facciosos.

Hitler, Mussolini y otros
que se esconden en la sombra,
le pagan un sueldo a Franco
pa que les limpie las botas.

Piensa que hablar bien del fascio
y de los que lo han parido,
es tanto como exponerse
a que te den cuatro tiros.

Si algún mal intencionado
viene a hablarte de armisticio,
le das con todas tus fuerzas
con el puño en los hocicos.

No puedo cantar más jotas,
pues me duele la garganta ;
no es porque ningún faccioso
me haya *chafau* la guitarra.

SI YO EL ARABE SUPIERA...

Si yo el árabe supiera
y con un moro me hallara
de esos que Franco ha traído
para aniquilar a España,
en tono afable y discreto
le diría estas palabras :
—¡ Hermano ! A ti te han sacado
de las tierras africanas,
como se saca a un cordero
que llevan a la matanza.
Piensa que el llamarte hermano,
no es una broma pesada ;
tengo por hermanos míos
a los hombres de otras razas,
y no eres tú una excepción
en este amor que me abrasa.
Yo, no tengo religión ;
tienes tú la mahometana,
como tienen otros hombres
cien mil religiones falsas,

que han servido en todo tiempo
para engañar a las masas.
Yo concibo, aunque no acepto,
que dada tu idiosincrasia,
tu religión defendieras
cuando estabas en tu patria
y lucharas como un bravo
contra los hijos de España,
que además de destruir
tus miserables cabañas,
trataban de convertirte
a la religión cristiana.
Pero hoy, unos españoles
que católicos se llaman,
te han ofrecido dinero,
te han llenado de medallas,
de cruces y escapularios
que dicen : ¡ Detente bala !,
y de otras cosas que tú
no entiendes ni una palabra,
y te han traído a luchar
en favor de unas mesnadas
que no hace ni un par de lustros
allá en tierras africanas,
trataban de destruir
tu religión y tu casta.
Piensa bien, hermano moro,
que todos esos canallas
que engañado te sacaron

de tu hogar y de tu patria
mintiendo que te darían
riquezas en abundancia,
te han buscado solamente
para servir de muralla
cuando nuestros milicianos
sus posiciones atacan.
Piensa bien, hermano moro,
que su causa, no es tu causa ;
que tu crees en Mahoma
y ellos no creen en nada ;
es decir, tienen un dios
al que zafiamente tratan,
y del cual se sirven siempre
para encubrir sus infamias.
Piensa bien, hermano moro,
que si acaso ellos triunfaran,
cosa que un antifascista
no puede ni imaginarla,
cumplirían en vosotros,
los de la raza africana,
aquellos sabidos versos
de Calderón de la Barca,
QUE EL TRAIDOR NO ES MENESTER
SIENDO LA TRAICIÓN PASADA.
Y las armas que hoy esgrimen
para abatir a su patria,
servirían en tal caso
para abatir vuestra raza.

Yo supongo, hermano moro,
que escucharás mis palabras,
y comprenderás por ellas
la razón que me acompaña.
Ya ves que yo no te pido
que defiendas nuestra causa,
pues harto trabajo tienes
allá en tierras africanas
donde tendrás que luchar
contra esa maldita casta
que llamándose tu amiga
cínicamente te engaña.
Vuelve, pues, hermano moro,
a cuidar tu pobre casa ;
porque esos mismos traidores
que te trajeron a España,
tratarán de destruirla
en cuanto les venga en gana,
como lo hicieron en fechas
que es muy fácil recordarlas.
Si es que patriota te sientes,
vete a defender tu patria ;
defiende, si así te place,
la religión musulmana;
pues yo, que no soy patriota
y me siento iconoclasta,
pienso que estarás mejor
en las tierras africanas
defendiendo cosas tuyas

y una religión que acatas,
que no junto a unos traidores
que amigos tuyos se llaman
y que sólo te han buscado
para servir de muralla,
cuando las bravas milicias
sus posiciones atacan.
… … … … … … … … … … … …
… … … … … … … … … … … …
… … … … … … … … … … … …
… … … … … … … … … … … …
Si yo el árabe supiera
serían estas palabras
las que le diría a un moro
de los que han traído a España
esos llamados patriotas
que están vendiendo a su patria ;
esos que en pasados tiempos
generales se llamaban,
y hoy no son más que rancheros
de las tropas mercenarias,
que un Hitler y un Mussolini
contra el pueblo ibero lanzan.

FIN

INDICE

Precio: Una peseta

Este libro terminó de imprimirse en abril de 2024,
en vísperas de la celebración anual
del Día Internacional del Libro, en cuya gestación
Juan Usón Calvete, *Juanonus*,
el hijo preclaro de Bujaraloz, tuvo tanta parte
hace aproximadamente un siglo redondo.

¡HA APARECIDO! :: ¡GRAN EXITO!

"Romancero Popular de la Revolución"

por "Juanonus". Ilustraciones de "Niel"

De venta en quioscos y librerías. UNA PESETA